Ernst Troeltsch

Psychologie und Erkenntnistheorie in der Religionswissenschaft

Verlag
der
Wissenschaften

Ernst Troeltsch

Psychologie und Erkenntnistheorie in der Religionswissenschaft

ISBN/EAN: 9783957004376

Auflage: 1

Erscheinungsjahr: 2015

Erscheinungsort: Norderstedt, Deutschland

Hergestellt in Europa, USA, Kanada, Australien, Japan
Verlag der Wissenschaften in Hansebooks GmbH, Norderstedt

Psychologie und Erkenntnistheorie

in der Religionswissenschaft.

VORTRAG

gehalten auf dem International Congress of arts and sciences
in St. Louis, M.,

von

Dr. Ernst Troeltsch

Professor der Theologie in Heidelberg.

Tübingen

Verlag von J. C. B. Mohr (Paul Siebeck)

1905.

Psychologie und Erkenntnistheorie

in der Religionswissenschaft.

Eine Untersuchung über die Bedeutung der
Kantischen Religionslehre für die heutige
Religionswissenschaft.

VORTRAG

gehalten auf dem International Congress of arts and sciences
in St. Louis, M.,

von

Dr. Ernst Troeltsch

Professor der Theologie in Heidelberg.

Tübingen
Verlag von J. C. B. Mohr (Paul Siebeck)
1905.

Vorbemerkung.

Die folgende Darlegung ist durch die Aufforderung veranlaßt, auf dem internationalen wissenschaftlichen Kongreß, den
die Louisiana-Purchase-Exposition von 1904 veranstaltete, über
die gegenwärtigen Hauptprobleme der Religionsphilosophie zu
sprechen. Doch ist das nur der äußere Anlaß. An und für sich
reiht sich diese Untersuchung unmittelbar an den Gedanken-
gang zweier früherer Arbeiten an, an die Abhandlung der Kant-
Studien 1904 über „Das Historische in Kants Religionsphilosophie" und an den Beitrag zur Festschrift für Kuno Fischer
1904 „Die Religionsphilosophie am Beginn des 20. Jahrhunderts". Auch die Bezugnahme auf William James ist nicht
durch die Rücksicht auf amerikanische Zuhörer veranlaßt, sondern lag im Gange meiner Untersuchungen, die mich auf die
moderne Religionspsychologie hinwiesen. Es ist nur ein glück-
licher Zufall, wenn diese Bezugnahme gerade für einen Vortrag in St. Louis besonders gut paßte. Immerhin ist es mir
eine besondere Freude, durch die Veröffentlichung dieses Vor-
trages auch in Deutschland eine Berührung mit der amerikanischen Arbeit zu bekunden, und ich möchte den Vortrag nicht
ausgehen lassen, ohne auch an dieser Stelle für die außer-
ordentlichen Anregungen und für die Beweise zuvorkommend-
ster Liebenswürdigkeit, die wir von den amerikanischen Ge-
lehrten empfangen haben, zu danken.

Die Religionsphilosophie von heute ist Religionsphilosophie nur insoweit und in dem Sinne, als dieses Wort „Religionswissenschaft" oder „Philosophie über die Religion" bedeutet. Die Religionswissenschaft von ehemals war erst dogmatische Theologie, die aus der Bibel und der Kirchentradition ihre Dogmen schöpfte, sie mit der metaphysischen Spekulation der Spätantike apologetisch auseinandersetzte und die nicht-christlichen Religionen als sündige Trübungen und verdunkelte Überreste der Uroffenbarung betrachtete. Das dauerte sechzehn Jahrhunderte und zieht sich heute auf die eigentlich kirchlichen Kreise zurück. Dann wurde die Religionswissenschaft zur natürlichen Theologie, welche das Dasein Gottes aus dem Wesen des Denkens oder aus der Beschaffenheit der Wirklichkeit und neben diesem die Unsterblichkeit der Seele aus dem Begriff der Seele und aus sittlichen Forderungen bewies, damit natürliche oder vernünftige Dogmen hervorbrachte und diese Dogmen in ein mehr oder weniger freundliches Verhältnis zum überlieferten Christentum stellte. Das dauerte gegen zwei Jahrhunderte und ist heute die populäre Meinung der nicht eigentlich kirchlichen oder pietistischen Kreise, die aber doch an der Religion festhalten wollen. Beide Arten von Religionswissenschaft sind heute für die eigentliche Wissenschaft dahin. Die erste war in Wahrheit mythologisch-supranaturalistische Dogmatik, die zweite war in Wahrheit Ersetzung der Religion durch Philosophie. Die erste ist gestürzt durch die Wunderkritik des 18. Jahrhunderts, die zweite durch die Erkenntniskritik des 19. Jahrhunderts, welche ihrerseits in Hume und Kant ihre Grundlagen hat.

Die heutige Religionswissenschaft hält sich an dasjenige, was ohne Zweifel tatsächlich vorliegt und ein Gegenstand wirklicher Erfahrung ist, an das subjektive religiöse Bewußtsein selbst. Das Mißtrauen gegen kirchliche und gegen rationalistische Dogmen hat im Denken der Gegenwart jede andere Behandlung unmöglich gemacht. So ist es der Geist des Empirismus, der hier wie an anderen Punkten vollständig gesiegt hat. Der Empirismus auf diesem Gebiete bedeutet aber die psychologische Analyse. Diese Analyse wird denn auch von der Gegenwart im weitesten Umfange betrieben: einerseits von den Anthropologen und Prähistorikern, welche das Seelenleben der Primitiven untersuchen und hierbei die besondere Rolle und Bedingtheit der Religion in diesen Zuständen uns zeigen, andrerseits von den modernen Experimentalpsychologen und psychologischen Empirikern, welche die Religion aus der Selbstbeobachtung und vor allem aus den gesammelten Fremdbeobachtungen und Selbstzeugnissen studieren und die hierbei gefundenen Grundphänomene von den Begriffen der Experimentalpsychologie aus beleuchten. Die ersteren schildern den großen Grundstock religiösen Denkens, der von der primitiven Psyche in ungezählten Jahrtausenden prähistorischer Entwicklung gebildet worden ist, und dessen Denkformen noch heute bis in die innerlichsten und sublimsten Religionen hereinreichen. Die zweiten schildern die seelischen Zustände selbst, welche zunächst ja nur in der gegenwärtigen eigenen und fremden Erfahrung unmittelbar erfaßbar sind und die ja auch erst in der entwickelten Religion sich selber durchsichtig und zu charakteristischer Eigentümlichkeit herausdifferenziert sind. Mit etwas anderem Ausdruck kann man sagen: die Anthropologen sind die Psychologen der Vergangenheit, die auch die heutigen Primitiven und Wilden nur als Anschauungsmaterial für die prähistorischen Entwicklungsstufen verwenden; die Experimentalpsychologen sind die Psychologen der Gegenwart, die auch die Kenntnis von früheren Entwicklungsstufen nur als Mittel des Verständnisses der heutigen Erscheinungen verwenden. Zwischen ihnen stehen die Religionshistoriker der großen geschichtlichen Gebiete, des Hinduismus, des Chinesentums, des Semitismus, Parsismus, Hellenismus usw., die die Zwischenstufen zwischen der prähistorischen Religion und den großen Gegenwartsreligionen, dem Christentum, dem Buddhismus und dem Islam, auf ihre religiösen Grundideen und deren geschichtliche Wandlungen zu untersuchen haben; sie stehen auch insofern in der Mitte, als die von ihnen geschilderten Gebiete überall sich herausarbeiten aus dem prähistorisch-anthropologischen Grundstock und im Laufe ihrer Entwicklung überall sich hineinerstrecken in die Gefühls- und Empfindungswelt, die der Gegenwart vertraut ist.

Viele meinen nun, daß die Gesamtwissenschaft von der Religion ihren eigentlichen Schwerpunkt habe in der Religionspsychologie der Anthropologen, und daß alles Weitere sich zur Urreligion nur verhalte wie ein Ausläufer und ein Nachhall; die Religion sei ein Erzeugnis der urmenschlichen Psyche mit ihrer alles personifizierenden und auf persönliche Interessen beziehenden Betrachtung der Dinge, die ihr überall Zusammenhänge einer unerkannten und geheimnisvollen objektiven Welt mit dem menschlichen Wohl und Wehe als personhafte Einwirkungen unbekannter Mächte vortäusche und in dieser Täuschung die eigentümlich religiösen Zustände hervorbringe; dem aber habe die alles depersonifizierende Wissenschaft ein Ende gemacht, indem sie den weltweiten Zusammenhang der Dinge in seiner Gleichgültigkeit gegen menschlich-persönliche Werte und in seinem Unterschiede von menschlich-persönlichem Willen erleuchtet habe; damit seien der Religion im seelischen Gesamtleben die Wurzeln abgestorben, der Religionhistoriker schildere uns nur den allmählichen Übergang der primitiven, sinnlich-lebendigen Urreligion in abstrakt-metaphysische Verkleidungen, und die moderne Religionspsychologie zeige uns nur die Reste urmenschlicher Empfindung, die ohne festen Halt in der Naturanschauung sich nun bloß mehr an persönliche Gefühle und Bedürfnisse des sich nicht in die objektive Welt resignierenden romantischen Individuums klammern. Was so spricht, ist die Religionspsychologie des Positivismus. Aber das ist dann eben Positivismus, und nicht reiner und wirklicher Empirismus. Es ist nicht eine Analyse der Religion, sondern Beurteilung des Wahrheits- und Wertgehaltes der Religion auf Grund einer bestimmten Weltanschauung, nicht Religionspsychologie, sondern psychologisch-anthropologische Wegargumentierung der Religion. Die Gründe für eine solche Haltung liegen auch ganz deutlich nicht in der Psychologie selbst. Denn die Gegenwartsreligion ist noch in voller Lebendigkeit und kann sehr wohl aus sich selbst verstanden werden; andrerseits wird auch die primitive Religion jederzeit eine große Menge innerlicher religiöser Indifferenz bei äußerlicher Befolgung des Kultus enthalten haben. Die verringerte soziale und äußerliche Macht der Religion hat doch zugleich zu einer Individualisierung und Vertiefung der persönlichen Religion geführt, und es ist daher unmöglich, aus der heutigen größeren Freiheit zur Irreligion irgend etwas über den Wesenszusammenhang der Religion an sich mit den Sonderbedingungen der urmenschlichen Psyche zu folgern. Ja, es ist im Grunde leichter, die primitive Religion zu deuten aus der Gegenwartsreligion, als die Gegenwartsreligion aus der primitiven, deren innerstes Gefühlsleben sich nur wenig zu offenbaren vermag. Die angebliche Umwandlung der Urreligion in abstrakte Metaphysik ist keine Umwandlung der wirklichen Religion, sondern nur die Entstehung eines Doppelgängers der Religion, neben dem diese überall bestehen und zu neuen spezifisch-religiösen Entfaltungen zeugungskräftig bleibt. Die Bezeichnung der aus der Urreligion entstehenden und in die Gegenwart reichenden Religionsbildungen als eines bloßen Überlebsels, die Betrachtung der ganzen Gegenwartsreligion als eines romantischen Eigensinns oder einer rückständigen Beschränktheit, all das ist ganz deutlich nur eine Messung des Wahrheitsgehaltes der Religion an der heutigen wissenschaftlichen Erkenntnis, wie sie dem Positivisten aus der gleichgültigen Gesetzmäßigkeit der Welt und aus der Flüchtigkeit ihrer organischen Hervorbringungen folgen zu müssen scheint. Es ist der Gegensatz der positivistischen Metaphysik gegen die religiöse Metaphysik, der hier spricht, nichts anderes. Aus diesem Grunde ist aber auch der Positivismus keine reine und unbefangene Religionspsychologie, sondern eine Widerlegung der Religion auf Grund der positivistischen Metaphysik, und die Einkleidung dieser Widerlegung in die Gestalt einer psychologisch-anthropologischen Entwicklungslehre, deren beide Endpunkte, die angebliche Begründung der Religion im personifizierenden Denken des Urmenschen und das angebliche Absterben der Religion in der Gegenwart und Zukunft, nur Behauptungen, aber keine psychologisch feststellbaren Tatsachen sind.

Eine wahrhaft empirische Religionspsychologie benützt mit Dank das von den Anthropologen beschaffte Material und versteht viele Verwicklungen und Verfeinerungen der Gegenwart aus den einfacheren Urformen. Aber das Wesen der Sache selbst muß sie in einer Analyse der lebendigen Gegenwartsreligion suchen, die ihr zunächst lediglich eine Tatsache ist, und von dieser Tatsache aus wird sie auch erst die anthropologischen Darstellungen voll verstehen zu können meinen. Es deutet ja auch die Anthropologie überall die Urreligion aus Analogien gegenwärtiger Gedankenverbindungen, und es ist oft die Frage, ob die von ihr benützten Analogien tief und ernstlich genug aus dem Wesen der Sache geschöpft sind. So sind wir von allen Seiten her auf eine psychologische Analyse der Gegenwartsreligion gewiesen. Die Gegenwartsreligion bedeutet nun freilich in erster Linie die eigene Religiosität des Forschers, die er als wirkliche oder hypothetisch nachempfundene besitzen mag. Und so ist eine solche Analyse von all den Gefahren und Einseitigkeiten der Selbstbeobachtung bedroht. Allein diese

Gefahren, die der Positivismus in seinem Interesse überall geflissentlich übertreibt, lassen sich kompensieren. Neben die Selbstbeobachtung tritt die Beobachtung anderer, besonders die Beobachtung extremer und charakteristischer Fälle, oder die Beobachtung von Angehörigen fremder Konfessionen und Religionen. Je weniger das beobachtete fremde religiöse Leben mit den eigenen gedanklichen Interessen zu tun hat, um so mehr darf man an Objektivität der Beobachtung glauben. Dazu kommt die eigentlich religiöse Literatur, in der die Religion sich tausendfach naiv und energisch ausspricht, sodann Biographien, Berichte und Worte von besonders charakteristischen führenden religiösen Persönlichkeiten, also von Propheten, Sehern, Stiftern, Heiligen, Reformatoren und Seelenleitern. Auch die Psychopathologie kann mit Erfolg verwertet werden, indem ja die krankhaften Vorgänge nur Steigerungen und Isolierungen der normalen sind und damit hier wie auf anderen Gebieten Rückschlüsse auf das Normale erlauben. Die Analyse bleibt freilich daran gebunden, daß man selbst irgendwie religiöse Zustände an sich kenne oder wenigstens hypothetisch nachzuerzeugen vermöge. Allein darin ist sie mit der Psychologie der Logik und Moral, vor allem mit der der Kunst, in gleicher Lage. Das kann keinen Einwurf begründen, sondern nur die Unzuständigkeit vieler bezeichnen, die in dieser großen Frage ohne Kenntnis ihres Gegenstandes mitreden. Es bleibt die Aufgabe einer reinen Empirie, einer wirklichen Psychologie der Religion, die religiöse Erfahrung ohne Vorurteil für oder wider zu studieren, sie in ihrer charakteristischen Eigentümlichkeit zu erfassen, Zusammenhang und Analogie mit anderen psychischen Phänomenen festzustellen, die besondere Färbung zu bezeichnen, die den allgemeinen psychischen Funktionen zuteil wird, wenn sie unter die Wirkung der besonderen religiösen Zuständlichkeit geraten. Gedankeninhalte, Bilder, Kulte, Organisationen der Religion wechseln unbegrenzt; aber bei aller Verschiedenheit kommt ihnen eine spezifische Eigentümlichkeit zu, die eben um deswillen zunächst in einer gewissen Formbestimmtheit dieser Zustände und Erfahrungen gesucht werden muß. Die rein empirische Religionspsychologie sucht die besondere Form derjenigen seelischen Vorgänge und Zustände, die wir als religiös bezeichnen und mit dieser Bezeichnung gegen andere deutlich abheben, gleichgültig zunächst gegen den gedanklichen Inhalt dieser Zustände, gegen die Wahrheitsfrage, gegen die tausendfach wechselnden Inhalte, die unter der Wirkung dieser Form stehen. Denn es ist hier von vornherein klar, daß die Inhalte unermeßlich wechseln, daß aber allen religiösen Zuständen verschiedensten Inhaltes eine Formbestimmtheit eignet, die heute wie ehemals nicht von allen erlebt wird, die aber heute wie ehemals in allen, die sie erleben, charakteristische Wirkungen stärkster und kenntlichster oder auch schwächerer und matterer, aber immer eigentümlicher Art hervorbringt. Diese Formbestimmtheit gilt es, psychologisch festzustellen und dann das Verhältnis der Inhalte zu dieser Form gleichfalls rein psychologisch aufzuhellen.

Eine solche empirische Religionspsychologie ist denn auch von der modernen Psychologie mit beträchtlichem Erfolge geschaffen worden. Zwar die deutsche Literatur ist daran nur sehr wenig beteiligt. Die deutschen Theologen haben sich fast nur an die älteren Bestimmungen der Kantischen, Schleiermacherschen, Hegelschen und Friesschen Psychologie gehalten, die zwar den richtigen Weg im Prinzip beschritten haben, die aber doch das Rein-Psychologische allzu sehr mit metaphysischen und erkenntnistheoretischen Wahrheitsfragen verbinden, als daß es zu einer wirklichen Unbefangenheit der Auffassung kommen könnte. Die deutschen Psychologen andrerseits stehen unter dem Bann der Psychophysiologie und der quantitativen Maßbestimmungen und haben sich daher an dieses Gebiet, das solchen Bestimmungen nicht zugänglich ist, nie gerne herangemacht. Der Führer der deutschen Psychologie, W Wundt, bezeichnet von diesem Standpunkt aus die ethischen, ästhetischen und religiösen Zuständlichkeiten lediglich als komplexe Phänomene, die es mit den bisherigen Methoden einer psychologischen Mechanik aufzuhellen noch nicht gelungen ist. Er hofft ihnen beikommen zu können auf dem Umweg über eine Völkerpsychologie, welche diese komplexen Phänomene aus älteren und einfacheren Phänomenen sowie aus den Verwicklungen dieser durch die soziale Entwicklung erklären zu können vielleicht einmal hoffen darf. Allein gerade diese Bezeichnung als komplexer Phänomene ist schon ein Präjudiz, das nicht ohne weiteres gelten darf. Denn das ist eben die Frage, ob es nur die größere Komplexität oder eine qualitative Eigentümlichkeit ist, die diese Erfahrungen auszeichnet. Und auch die Abschiebung an die Völkerspychologie kann nichts helfen; denn die gleiche Frage würde sich dann für die einfacheren und älteren Formen erheben, und diese Frage könnte dann bei ihnen doch nicht ohne Analyse der gegenwärtigen Erfahrungen beantwortet werden. Die eigentliche Ursache dieses ausweichenden Verfahrens liegt denn auch in der Grundanlage der psychologischen Analysen dieser Schule. An der Psychophysiologie und dem Wahrnehmungsproblem geschult, dringt sie überall auf exakte Messungen, und mit Hilfe dieser auf eine streng kausal-mechanische Verknüpfung der seelischen Phänomene, wo überall die verwickelteren sich mechanisch aufbauen auf den einfacheren. Rein qualitative Unterschiede der Erscheinungsgruppen und bloße Kausalverhältnisse der Anregung oder Hemmung gibt es nach der ganzen Voraussetzung nicht. Das Prinzip der „schöpferischen Synthese" ist das Äußerste, was hier geleistet werden kann, aber diese Synthese, die die Teilfaktoren nur in ein von der Summe verschiedenes Ganze verwandelt, führt keine qualitativ selbständigen Erfahrungsgruppen, sondern nur Umwandlungen von mechanischen Summen in qualitative Einheiten herbei. Auf diesem Wege wird es aber immerdar unmöglich sein, der Religion psychologisch beizukommen, die nun eben einmal über-

all sich als eine qualitativ selbständige Erfahrungsgruppe fühlt,
und die auch die Völkerpsychologie schwerlich in eine schöpferische Synthese, d. h. in ein Produkt einfacherer Faktoren, das
die wunderbare Eigenschaft hat, sich ohne Hinzutritt von irgend
etwas Neuem doch den Schein einer neuen, das bloße Produkt
überschießenden, qualitativen Einheit zu geben, wird verwandeln
können. Es ist das Dogma eines bestimmten Kausalitäts-
begriffes, das hier vorausgesetzt ist, und das die Religion als
bloße komplexe Erscheinung anzugreifen nötigt, statt sie in
möglichst reichlich und vielseitig gesammelten Zeugnissen zunächst aussagen zu lassen, was sie für sich selber ist.
Ertragreicher als die deutsche Psychologie ist für unseren Gegenstand die französische, die sich sehr viel mutiger
an die komplexen Erscheinungen wagt. Aber hier ist unter
der Vorherrschaft des Positivismus im ganzen die Neigung vorherrschend, die Religion wesentlich anthropologisch
oder medizinisch und psychopathologisch im Zusammenhang
mit körperlichen Bedingungen aufzufassen. Es ist die Ver-
wechslung von Bedingungen und Entstehungsweisen mit dem
Wesen der Sache selbst, das doch nur aus der Sache festgestellt
werden kann und durchaus nicht ausschließlich an diese Bedingungen gebunden ist. Immerhin haben hier die Arbeiten
der Ribotschen Schule, und dann in viel höherem Grade, weil
mit tieferem Verständnis, die Untersuchungen von Marillier,
Murisier und Flournoy das Problem erheblich gefördert. Un-
befangener als alle diese hat aber die englisch-amerikanische
Psychologie unseren Gegenstand untersucht. Es sind vor allem
die Amerikaner, deren Neigung zur Psychologie ja bekannt ist
und die gerade die Anwendung der modernen Psychologie auf
die religiösen Phänomene mit Vorliebe betreiben. Es seien
hier nur Leuba, Starbuck, Coe genannt. Sie haben sich zu
einer eigenen Zeitschrift, einem American Journal of religious
psychology and education, vereinigt. Der Geist dieser Psychologie ist im allgemeinen der der englischen, die sammelnde

und ordnende Analyse, die durch keine voraus begrün-
dete metaphysische oder methodische Theorie bestimmt ist,
sondern vor allem die Fülle der Tatsachen selbst in ihrem
eigenen Sinn zur Anschauung bringen möchte, um das Ganze
dann weniger spekulativ als praktisch zur Basis der Menschen-
kenntnis und Menschenbehandlung zu verwerten. Auf das Ein-
zelne hier einzugehen, ist nicht möglich. Ich möchte nur auf
ein großes Werk hinweisen, das diese Bemühungen vereinigt
und, wenn es auch den Stoff der Religionspsychologie nicht
entfernt erschöpft, doch als ein hervorragendes Beispiel der
besten und feinsten Leistungen moderner Religionspsychologie
gelten darf. Es sind die Gifford-Lectures von William James,
betitelt: The varieties of religious experience.[1]) Gegründet
auf die Breite des Anschauungsmaterials, wie es die moderne
historisierende und empirische Denkweise zusammengetragen
hat, und ausgerüstet mit den feinen Generalisationen psychischer Vorgänge, die die moderne Psychologie aus zahllosen
Einzelbeobachtungen und Experimenten herausgearbeitet hat, ist
das Buch typisch für die großen Leistungen, aber auch für die
Grenzen der modernen Religionspsychologie. Es ist daher das
zweckmäßigste, an dieses Meisterwerk die weitere Erörterung
des uns hier beschäftigenden Problems anzuknüpfen.

Die charakteristischen Züge treten von Anfang an hervor.

---

[1]) London; Longmans, Green a. Comp. 1902. Dazu The American
Journal of religious psychologie and education, Clark University Press,
Worcester, Mass. seit Mai 1904; Starbuck, The psychology of religion,
an empirical study of the growth of religious consciousness, London
1899; George A. Coe, The spiritual life, New.-York 1900; Abhand-
lungen von Leuba im Monist und American Journal of psychology.
In der deutschen Literatur sind mir Ansätze zu einer ähnlichen Behandlung nur aus der kurzen Skizze Simmels „Beiträge zur Erkenntnistheorie
der Religion" (Z. f. Philos. u. philos. Krit. 1902) und aus dem Buche
von E. Koch „Die Psychologie in der Religionswissenschaft" 1896 bekannt. Das letztere geht von Avenarius und seiner Verwerfung der
Introjektion und der kausalen Notwendigkeit aus.

Schon der Titel zeigt sie. Es handelt sich um Erfahrungen und Phänomene, die wie alle anderen Erfahrungen Gegenstand der Analyse werden können und müssen. Es handelt sich dann aber vor allem um die unbegrenzte Fülle der Mannigfaltigkeit dieser Erfahrungen, die von Hause aus nur nach einer gemeinsamen Formbestimmtheit suchen läßt und die daher den Inhalt der einzelnen religiösen Vorstellungen zurücktreten läßt. Die weiteren charakteristischen Züge sind die Ablehnung aller medizinisch-psychologischen Ableitungen der Religion als Annex körperlicher und cerebraler Zustände. Was James hier ausführt, gehört trotz aller Kürze zum Treffendsten, was darüber gesagt worden ist. Ebenso aber wird auch jeder Allgemeinbegriff, jedes „Wesen" der Religion, jedes Hinschielen auf Metaphysik und Wahrheitsfragen an der Schwelle abgewiesen. Es handelt sich um selbständige, eigentümliche Phänomene, die zunächst über sich selbst sich äußern sollen, und deren Einordnung in allgemeinere Formen psychischen Geschehens ohne Aufhebung ihrer Selbständigkeit sehr wohl möglich ist. Denn es ist jedesmal eine besondere Bestimmtheit, die diese Formen in den religiösen Erfahrungszuständen annehmen. Nicht minder fehlt hier schließlich jenes Streben nach einer Mechanik des Bewußtseins und jenes Dogma vom kausal-notwendigen Aufbau des Bewußtseins. Es wird neben den bloßen Verwandlungen und Kombinationen das Eintreten qualitativ selbständiger Erfahrungen nicht von vornherein ausgeschlossen und der Kausalzusammenhang nicht nur als Zusammenhang der notwendigen Hervorbringung, sondern je nach dem Sachverhalt auch als bloßer Zusammenhang der Anregung und Förderung oder als solcher der Hemmung und Ausschaltung betrachtet. Eben daher stammt die Frische und Unbefangenheit der Analysen, die James aus einer beneidenswerten Kenntnis charakteristischer Fälle gibt. James hebt mit vollem Recht die unendlich verschiedene Intensität der religiösen Erfahrungen hervor und die Mannigfaltigkeit des Anblicks und der Urteile, die sich hieraus ergibt.

Mit gleichem Recht hebt er den Zusammenhang dieser verschiedenen Intensität mit den unableitbaren typischen Grundverfassungen des Seelenlebens, mit der optimistischen und der melancholischen Grundanlage, hervor; von hier aus ergeben sich auch innerhalb des gleichen Religionskreises stets wesentlich verschiedene Typen der Religiosität. Indem er sich dann an die intensivsten Erfahrungen hält, bestimmt er als das Charakteristische der religiösen Zuständlichkeiten die Empfindung einer Gegenwart des „Göttlichen“, das man zwar durch andere Ausdrücke umschreiben kann, das aber dabei doch immer das spezifisch Göttliche bleibt mit den entgegengesetzten Gefühlswirkungen feierlicher Abstandsempfindung und enthusiastischer Erhebung. Er schildert diese Präsenzempfindungen und verdeutlicht sie an visionären und halluzinationischen Vergegenwärtigungen des Abstrakten. Daran reihen sich fördernde oder hemmende Bedingungen des Hervortretens dieser Präsenz- und Realitätsempfindung, Beschreibungen der Wirkungen auf Gefühlsleben und Handeln und vor allem die Analyse des gewöhnlich Bekehrung genannten Vorgangs, in welchem die religiöse Erfahrung aus unterbewußten Vorbedingungen auf verschiedene Weise zum Zentrum des seelischen Lebens wird. Alles das ist Beschreibung, aber gestützt auf eine Fülle von Beispielen und erläutert aus den allgemeinen psychologischen Kategorien, die nur durch den Eintritt des religiösen Phänomens eine durchaus spezifische Färbung erhalten. Es ist eine Beschreibung im Sinne der Kirchhoffschen Mechanik; überall werden dauernde und gleichartige Typen und ebenso gleichartige Bestimmungen ihres Verhältnisses zum übrigen seelischen Leben gesucht ohne den Anspruch, hierdurch zugleich eine begriffliche Notwendigkeit des Zusammenhangs dargetan zu haben. Damit aber ist die charakteristische Eigenart der religiösen Phänomene in einer Weise erfaßt, wie in keiner anderen bisherigen Analyse. Man kann vom psychologischen Standpunkte aus dem Buche nur vorwerfen, daß es einseitig die mystischen und gefühlsmäßigen Zustände bevorzugt und den religiösen Gedanken unterschätzt, wie es denn auch die psychologische Entstehung der Verknüpfung des „Göttlichen" mit konkreten Vorstellungen und die Wirkung dieser Verknüpfung fast ganz ununtersucht läßt. Damit hängt denn auch sehr eng ein zweiter Mangel zusammen, daß es die Übertragung religiöser Kräfte und Gefühle, die ja stets durch Vermittelung der religiösen Vorstellungswelt stattfindet, nicht beachtet. Allein das sind doch nur Einseitigkeiten und Unterlassungen, die zwar mit James' ganzer Auffassung eng zusammenhängen, die aber doch durch weitere Untersuchungen ergänzt werden können. Das Ganze ist trotz alledem doch eine wirkliche und echte, rein empirische Religionspsychologie.

Aber eben deshalb ist das alles nur eben Psychologie. Es leistet für die Religionswissenschaft keinen anderen Beitrag, als den der psychologischen Fixierung der Eigenart des Phänomens, seiner Umgebungen, Beziehungen und Folgen. Es ist selbstverständlich, daß hierbei das Phänomen sich in einer unbegrenzten Fülle von Verschiedenheiten darstellt; und der bevorzugte Ausgangspunkt von ungewöhnlichen und exzessiven Erscheinungen verbreitet sogar über die Religion häufig den Charakter des Bizarren und Abnormen. Es ist damit also gar nichts gesagt über den Wahrheits- oder Realitätsgehalt dieser Erscheinungen. Das ist ja auch bei dem ganzen Prinzip solcher Psychologie unmöglich. Sie analysiert, bringt Typen und Kategorien hervor, zeigt verhältnismäßig konstante Zusammenhänge und Wechselwirkungen. Hier aber liegen nun die Grenzen einer solchen Psychologie, die in ihren Beschreibungen endlos erweitert werden könnte, die aber niemals dadurch über das Geltende und den Wahrheitsgehalt von sich aus Auskunft geben kann. Das aber kann für die Religionswissenschaft nicht das letzte Wort sein. Fordert sie vor allem empirische Kenntnis des Phänomens, so fordert sie das doch nur, um auf Grund dieser Kenntnis die Frage nach dem Wahrheitsgehalt beantworten zu können. Das führt dann aber auf ein ganz anderes Problem, auf das erkenntnistheoretische, das seine eigenen Lösungsbedingungen hat. Es ist unmöglich, bei einer bloßen empirischen Psychologie stehen zu bleiben; es handelt sich nicht bloß um gegebene Tatsachen, sondern um den Erkenntnisgehalt dieser Tatsachen. Diese Frage aber wird nicht mehr der reine Empirismus beantworten können; die Frage nach dem Wahrheitsgehalt ist überall eine Frage nach dem Geltenden. Die Frage nach dem Geltenden aber kann nur entschieden werden durch logische und allgemein-begriffliche Untersuchungen. Denn das Geltende kann nicht festgestellt werden durch Häufung tatsächlicher Erscheinungen oder durch willkürliche Festlegung und Zurechtstutzung von irgend etwas Tatsächlichem, sondern nur durch den Rückgang auf allgemeingültige, dem Denken oder der Vernunft einwohnende, Begriffe. Der Erweis des Geltenden ist daher Rationalismus, und die Erkenntnistheorie ist rationalistisch oder sie ist die Theorie von der Nicht-Erkenntnis. Damit treten wir von dem Boden des Empirismus über auf den des Rationalismus, und es ist die Frage, was die Erkenntnistheorie oder der Rationalismus für die Religionswissenschaft bedeutet. Eben damit müssen wir uns aber auch von James entfernen und nach einem anderen Typus der Behandlung religionswissenschaftlicher Dinge ausblicken.

Auch James zwar geht zu diesem Problem über. Aber, indem er es von dem Boden des reinen psychologischen Empirismus aus zu lösen versucht, scheint er nur zu beweisen, daß dieser zu solcher Leistung unfähig ist. James kombiniert eine Anzahl sehr verschiedener Antworten zur Lösung des Problems. An erster Stelle steht die rein psychologische Antwort, daß die Religion zu den wichtigen und wirkungsreichen Äußerungen des Seelenlebens gehört, daß daher das die Religion einschließende Seelenleben das vollständigere, gegenüber einem es ausschließenden sei und daß größere psychologische Vollständigkeit größere Wahrheit bedeutet. Das aber ist ein Argu-

ment, das mir ganz zweifellos eine rationale, allgemein begriffliche Voraussetzung zu enthalten scheint, nämlich die teleologische Idee einer einheitlichen Organisation des Bewußtseins,
die zur vollen Erschöpfung und Entfaltung des in ihr angelegten
Inhaltes führen muß. Die zweite Antwort ist biologisch: die
Religion spielt eine wesentliche Rolle in der Anpassung des
Menschen an seine Umgebung, sie ist geradezu die Anpassung
an das Ganze der Welt und des Lebens, und der spezifisch
religiöse Mensch bedeutet somit geradezu für die Menschheit
die Gewinnung einer höheren Energie, eines Enthusiasmus und
einer Zusammenfassung der Menschheit in Sympathiegefühlen,
die für die Entwicklung des Menschen unentbehrlich ist. Aber
auch dieses Argument schließt ein rationales Apriori, den teleo-
logischen Glauben an die Einheit und Für-Einander-bestimmt-
heit des geistigen und natürlichen Daseins und damit des Welt-
ganzen, ein. Das dritte Argument ist metaphysischer Natur,
und zwar introspektiv-metaphysischer Natur: die Behauptung und
Empfindung aller Religion, auf einer Einwirkung der übersinnlichen Welt zu beruhen, ist sehr wohl möglich, wenn wir
die in der Religion eine so große Rolle spielenden unterbewußten „subliminalen oder transmarginalen" Prozesse als
Eingangstor solcher Wirkungen betrachten; gegen die Anerkennung einer solchen Wirkung spricht keinerlei Unmög-
lichkeit, für sie die Empfindung der Religion selbst und
die praktische Unentbehrlichkeit der Religion für das geistige
Leben; man muß eben mit einer Metaphysik des Möglichen
und Wahrscheinlichen sich begnügen, da eine Metaphysik ab-
soluter Beweiskraft nicht zu haben ist. Aber diese Möglichkeit
ist doch auch schon Möglichkeit nur durch das rationale Moment,
das in ihr liegt, durch den Rückschluß aus der Erfahrung auf
erregende Ursachen und durch den rationalen Glauben an die
Erkenntnisfähigkeit eines solchen Schlusses. Das vierte Argument ist noch strenger metaphysisch, und zwar ist es eine
kosmische Metaphysik, die hierbei in Betracht kommt: die Wir-

kung des Übersinnlichen in der Religion läßt uns nach andersartigem Hereinragen des Übersinnlichen in die Erfahrung suchen, das uns das nur innerlich erfahrene Hereinwirken auch unabhängig vom Subjekt bezeugt; James glaubt an ein solches Hereinragen, weiß aber dafür kein Beispiel anzuführen als etwa dasjenige, was den spiritistischen Erfahrungen vielleicht als Wahrheit zugrunde liegen mag. Aber dieses Argument ist nun erst recht nicht rein empirischer, sondern rationaler Natur, indem hier erklärende Folgerungen aus Tatsachen auf lediglich dem Gedanken erfaßbare Ursachen die entscheidende Rolle spielen. Und schließlich: sind mit alledem für das Problem des Wahrheitsgehaltes stark rationale Kräfte und Voraussetzungen aufgeboten und ist mit ihnen der strenge, reine Empirismus des bloß Tatsächlichen und Einzelnen fraglos durchbrochen, so ist vor allem schon der Versuch der psychologischen Analyse selbst, die Phänomene zu reduzieren auf eine einheitliche Grundlage und von den bloß zufälligen Besonderheiten, die für James — freilich mit Unrecht — gerade in den Vorstellungsinhalten liegen, durchweg zu abstrahieren, bereits ein Streben nach allgemeinen Begriffen und Gesetzen, das a priori voraussetzt, daß die seelischen Erscheinungen sich aus solchen einheitlichen Gesetzen des Bewußtseins müssen begreifen lassen; es brauchen nicht die mechanischen Gesetze einer zunehmenden Komplikation einfacher Elemente zu sein, aus denen der Gesamtaufbau des Bewußtseins und mit ihm die Religion sich naturwissenschaftlich begreifen läßt; aber es müssen Gesetze sein, die aus eigener autonomer Notwendigkeit in die bunte seelische Mannigfaltigkeit Einheit und Zusammenhang hineinwirken, indem sie in ihr Zentren für die Angliederung einheitlicher Bewußtseinsgruppen schaffen. Es brauchen nicht Naturgesetze sein, die den Bewußtseinsablauf lückenlos regieren; aber es muß Bewußtseinsgesetze geben, in denen das Bewußtsein das Maß von Einheit, das ihm im Ganzen oder in einzelnen Gruppen eignet, autonom und mit dem Anspruch auf Geltung hervorbringt.

Gerade wenn die Gruppen psychischer Erscheinungen nicht durch das Fatum mechanischer Verknüpfung gebildet werden, wird die Frage frei und unausweichlich, ob nicht die Gleichartigkeit dieser Gruppe in einer inneren Notwendigkeit und Allgemeingültigkeit der sie hervorbringenden Tätigkeit begründet sei. Die Ausscheidung einer Gruppe eigenartiger, durch eine besondere Formbestimmtheit charakterisierter Erscheinungen enthält die Frage nach dem Wesen und Sinn des Allgemeinen, das in diesem rein Tatsächlichen enthalten ist.

Steht die Sache aber so, dann ist doch im Prinzip die Trennung der psychologischen von der erkenntnistheoretischen Aufgabe anerkannt und der Unterschied beider Behandlungen dahin bestimmt, daß die erste lediglich Tatsachen nach Ähnlichkeit, Koexistenz und Sukzession gruppiert und zwischen ihnen Funktionsverhältnisse feststellt, daß dagegen die zweite durch rationale, allgemeine Begriffe möglichste Allgemeingültigkeit erstrebt. Wenn die geistreichen Untersuchungen von James ein besonders gelungenes Beispiel oder Fragment der Religionspsychologie sind, so sind sie eben deshalb auch ein besonders schlagendes und lehrreiches Beispiel für die Unzulänglichkeit der reinen Psychologie. Es handelt sich vielmehr in Wahrheit um eine Synthese der psychologischen Empirie und der rationalen Erkenntnistheorie.

Freilich ist zur genaueren Erläuterung dieses Satzes nötig, zu bestimmen, was unter dem Rationalismus zu verstehen ist, der hier neben und gegen die Empirie sich stellt. Es gibt drei Formen des Rationalismus: erstlich den spekulativen Rationalismus, der aus dem Inhalt eines Begriffes analytisch die Folgerungen entwickelt und, indem er einige Begriffe als denknotwendig bezeichnet, auch die aus ihnen entwickelten analytischen Folgerungen als denknotwendig, und d. h. als Realität bedeutend, bezeichnet; das ist der Rationalismus der apriorischen Metaphysik, wie er vom Neuplatonismus über den scholastischen Gottesbegriff zur rationalen natürlichen Theologie und zur

Hegelschen Lehre von der Selbstexplikation der absoluten Idee sich zieht; zweitens den regressiven Rationalismus, der aus Tatsachen der Erfahrung durch Schlüsse zu bloß gedachten, aber eben darum realen Gründen der Wirklichkeit gelangt und für die Bündigkeit dieser Schlüsse auf die apriorische Notwendigkeit dieser logischen Operationen verweist; es ist der Rationalismus, der in dem aristotelischen und stoischen Gottesbegriff und ihren Ausläufern durch kosmologische und teleologische Argumente eine aus der Erfahrung erwachsende Metaphysik hervorgebracht hat; drittens den formalen, erfahrungsimmanenten Rationalismus, der überall in der elementaren Erfahrung selbst schon das Walten des logischen Apriori konstatiert und nur verlangt, daß dieser überall von der Erfahrung selbst schon angesponnene Rationalismus sich aus ihr heraus mit Klarheit und Konsequenz erfasse und sie von sich aus zu einer rationell geordneten Wirklichkeit umforme, indem erst die gesetzliche Formung und Verknüpfung uns etwas als gesicherte Wirklichkeit gegen den psychologischen Schein sicher zu stellen erlaubt; es ist der Rationalismus, dessen Ausbildung in der Tendenz der platonischen Allgemeinbegriffe gelegen hat, den Descartes und Leibniz mit der Mathematik auf die Erfahrung anwandten und den insbesondere Kant zu prinzipieller Klarheit entwickelt hat.

Handelt es sich also bei unserem Problem um Psychologie und Erkenntnistheorie, um irrationale Tatsächlichkeit und rationale Gültigkeit, so versteht sich von selbst, daß die erste Form des Rationalismus hier ganz ausscheidet. Sie hat höchstens den Wert einer Ahnung von der Vernünftigkeit der Welt, welche Ahnung mit dem Denken selbst freilich immer gesetzt ist; aber sie hat sich nie ohne die stärksten Anleihen bei der Erfahrung durchführen lassen. Aber auch die zweite Form kommt nur nebenbei in Betracht, insofern etwa sich nach Erledigung des Hauptproblems die Begehung dieser Wege noch als notwendig herausstellen mag. Das Hauptproblem selbst aber ist ausschließlich bezeichnet durch die dritte Form des Rationalismus. Es handelt sich um den formalen Rationalismus der religiösen Erkenntnistheorie und sein Verhältnis zur Religions- psychologie. Dieser formale Rationalismus schließt von Hause aus die ernsteste Beachtung des rein Tatsächlichen und Psychologischen, und das heißt des Irrationalen, ein, aber er holt aus diesem Tatsächlichen und Irrationalen das Rationale heraus, um auf die so gewonnene rationale Gesetzes- und Ver- knüpfungsbegriffe diejenige Anerkennung des Wirklichen und Geltenden zu begründen, die für menschliches Denken, so- weit das Denken als logisches Vermögen reicht, allein mög- lich ist. Dabei versteht sich von selbst, daß aus den Denk- produkten die Abhängigkeit von dem Psychologisch-Zufälligen nie ganz ausgemerzt werden kann und daß alle Rationalisierung der Erfahrung immer nur eine annähernde, immer von neuem durch neue Erfahrung zu neuer Arbeit getriebene, ist. Alle Lebendigkeit und Konkretheit strömt aus der Erfahrung oder vielmehr aus dem Tatsächlichen, das in der Erfahrung ent- halten ist, und alle gesicherte Realitätserkenntnis stammt aus der Wissenschaft oder vielmehr aus der Selbsterfassung des Rationalen, das in der Erfahrung enthalten ist. So wird die Wissenschaft nur Vereinheitlichung und Reduktion der Er- fahrung sein, aber die Erfahrung wird auch in demselben Maße von dem Verdacht des Scheins und Irrtums befreit. Eine ab- solut vollendete, in allem Einzelnen gesicherte und im Ganzen vollständige Erkenntnis wird ein solcher Rationalismus niemals geben können, aber wohl eine beständige Eingrenzung und Zurückdrängung des Scheines und eine beständige Klärung und Zurechtfindung gegenüber dem verwirrenden Strome des psychologischen Gemenges.

In diesem Sinne ist die Synthese des Empirischen und Ra- tionalen, der Psychologie und der Erkenntnistheorie, auch für die Religionswissenschaft zu verstehen. Auch hier gibt es wissenschaftlich niemals eine absolut gesicherte und vollständige

Erkenntnis des Wahrheitsgehaltes der Religion; aber, was innerhalb der grenzenlosen Mannigfaltigkeit der empirisch-psychologischen religiösen Erscheinungen als das Geltende bewiesen werden kann, das stammt aus dem apriorischen Rationalismus, der das in der Religion waltende und sie produzierende Vernunftgesetz aufdeckt. Auch hier bleibt der eigentliche Gegenstand stets die unberechenbare Produktivität, das Irrational-Konkrete und Lebendige des Lebens selbst, aber dieses Leben kann und muß reguliert, auf sein Grundgesetz und seinen Zusammenhang im System der Vernunftgesetze zurückgeführt werden, wenn das Notwendige an diesem Gegenstand gegen Verwilderung und Verworrenheit, gegen Einseitigkeit und Verkümmerung, gegen Unsicherheit und Erschütterung geltend gemacht werden soll. Auch hier ist Schein und Wahrheit immer zu scheiden durch Reduktion auf ein allgemeines Gesetz, aber ohne daß darum das Gesetz an Stelle der lebendigen Wirklichkeit träte. Es ist in ihr und bleibt in ihr und wirkt aus ihr heraus gegen Schein und Verwirrung.

Eine solche Synthese des Rationalen und Irrationalen, des Psychologischen und Erkenntnistheoretischen ist nun aber das Grundproblem, das sich die Kantische Lehre gestellt hat, und es ist die Bedeutung Kants, das Problem in diesem Sinne klar und für immer gestellt zu haben. Wenn wir von der Psychologie eines James nach einem Typus religionswissenschaftlicher Begriffe ausblicken, wo gerade die von ihm nicht erledigten Fragen grundlegend behandelt sind, so kann es nur der alte und immer neu belebte Kant sein, an den wir uns zu halten haben. James' angelsächsischer Pragmatismus liebt das grüblerische Wesen Kants nicht; er wittert in ihm nur einen künstlich und umständlich mit der Erfahrung sich abfindenden Rationalismus, und scheut allem Anschein nach die damit verbundene schwierige Grübelei. Allein ohne Rationalismus und ohne die Grübelei, die gerade das Verhältnis des Rationalen und Empirischen sich zum Gegenstande macht, können die von James liegen gelassenen Probleme überhaupt nicht behandelt werden. Welche Bereicherung und Vertiefung eine psychologische Behandlung im Sinne von James auch gebracht haben mag, das Hauptproblem bleibt unerledigt, und für dieses Hauptproblem tritt auch ihm gegenüber die tiefsinnige Lehre Kants ein. Kant ist reicher als der psychologische Empiriker, weil Kant Empiriker ist, indem er Rationalist ist, und Rationalist ist, indem er Empiriker ist. Er hatte den gleich starken Sinn für die empirisch-tatsächlichen, wie für die rational-begrifflichen Elemente der menschlichen Erkenntnis und konstruierte die Wissenschaft als einen Ausgleich zwischen beiden. Er hat den a priori spekulativen Rationalismus der denknotwendigen Ideen und der analytischen Folgerungen aus ihnen, der aus der Denknotwendigkeit als solcher die Realität herauszuklauben unternimmt, für immer zerstört. Er hat den regressiven Rationalismus auf metaphysische Hypothesen und Wahrscheinlichkeiten eingeschränkt, deren Evidenz auf der zu ihnen führenden Unausweichlichkeit logischer Operationen ruht, die aber allgemeine Begriffe ohne Anwendung auf Erfahrung verwenden und darum ins Leere geraten, also keine eigentliche Erkenntnis mehr gewähren. Dagegen hat er den formalen, erfahrungsimmanenten Rationalismus proklamiert, indem er die Wahrheit Humes mit der Wahrheit Leibnizens und Platos zu vereinigen strebte. Damit hat er in der Tat das große Problem des Denkens in der Wurzel gefaßt und die Lösungsversuche auf die richtige Basis gestellt. Es ist daher nicht bloß eine nationale Gewohnheit deutschen Philosophierens, wenn wir uns wesentlich an diesem größten deutschen Denker orientieren, sondern es ist auch an und für sich die fruchtbarste und scharfsinnigste Fassung des Problems. Die Lösungen allerdings, die Kant ihm gegeben hat, und die eng zusammenhängen mit der damaligen Präponderanz der klassischen Mechanik, mit der Unentwickeltheit der damaligen Psychologie und mit der Unvollkommenheit des damals erst sich regenden historischen Denkens, sind inzwischen mannigfach wieder aufgegeben. Eine einfache Rückkehr zu ihnen ist daher unmöglich. Aber das Problem ist von ihm grundlegend gestellt und auch die Hauptlösungen werden nur einer Modifikation und Ergänzung bedürfen.

Alles das gilt nun auch für die Religionswissenschaft. Auch hier ist Kant denselben Weg gegangen, der ihm für die theoretische Erkenntnis der Naturwissenschaften und der Anthropologie richtig erschienen war.[1] Auch hier sucht er analog zu den Gesetzen der theoretischen Vernunft Gesetze der praktischen Vernunft, Grundgesetze des ethischen, ästhetischen und religiösen Bewußtseins, die schon in den elementaren Erscheinungen dieser Gebiete a priori enthalten sind und in der Anwendung auf die konkrete Tatsächlichkeit gerade diese Betätigungen der Vernunft hervorbringen. Auch hier gilt es nur, die im Leben selbst enthaltene Vernunft, das in der Buntheit der Erscheinungen selbst schon wirksame apriorische Gesetz, zu fassen, sich selber durchsichtig zu machen und dadurch zu einer Kritik des Ablaufes der seelischen Erscheinungen zu befähigen. In der praktischen Wirklichkeit sich selbst erfassend, kritisiert die praktische Vernunft die psychologische Gemengelage, stößt ab als Schein und Irrtum, was sich nicht in ein solches Gesetz fassen läßt, holt hervor, was desselben als des Haltes und Zentrums bedarf und doch der Klarheit über sich wegen mangelnden Zusammenhanges noch entbehrte, macht die Bahn frei für weitere Offenbarungen eines Lebens, das sich seiner inneren Gesetzlichkeit bewußt und dadurch zur Entwicklung kritisch gereinigter Erfahrung fähig geworden ist.

Wenn es sich daher um die heutigen Probleme der Religionsphilosophie handelt, so glaube ich, daß sie noch heute im Prinzip die Wege Kants zu gehen hat. Und zwar ist damit gar nicht bloß das gemeint, was heute im allgemeinen als das

---

[1] Für das Nähere verweise ich auf meine bereits in der Vorbemerkung genannte Arbeit „Das Historische in Kants Religionsphilosophie“.

eigentliche Kennzeichen einer kantisierenden Religionslehre gilt: die Lehre über Glauben und Wissen, die Scheidung der theoretischen und der praktischen, d. h. der naturwissenschaftlich-kausalgesetzlichen und der geschichtswissenschaftlich-wertgesetzlichen Vernunft. Das betrifft nur das Verhältnis der Religionswissenschaft zur Spekulation. Vielmehr meine ich das für die eigentliche und wesentliche Aufgabe der Religionsanalyse selbst, welche den in der Religion selbst verknüpften empirischen Elementen der tatsächlichen religiösen Empfindungen, Gefühle, Vorstellungen, Wollungen und ebenso den rationalen Elementen des allgemeinen Bewußtseinsgesetzes der Religion nachgehen und beide aufeinander beziehen muß. Auf dem praktischen Charakter beruht für Kant nur die Trennung der Religion von der theoretischen exakt-zwingenden Wissenschaft, aber nicht die Wahrheitsgeltung der Religion. Die Wahrheitsgeltung beruht ihm vielmehr auf dem rationalen, d. h. dem apriorisch-transszendentalen Gesetzesgehalt der Religion. Und die Verknüpfung dieses rationalen Elementes mit einer unbefangenen Psychologie, welche das rein Tatsächliche und Irrationale im religiösen Bewußtsein unbefangen anerkennt, das ist das eigentliche und wirkliche Problem, das seine Religionslehre stellt. Sie hat das apriorische Bewußtseinsgesetz zu suchen, das sich in der Tatsächlichkeit des religiösen Lebens äußert, und hat an diesem Bewußtseinsgesetz den letzten für die Wissenschaft erreichbaren Grund für die Feststellung des Wahrheitsgehaltes der Religion und eben damit auch ein Mittel der kritischen Reinigung und Fortentwicklung der naturwüchsigen psychologischen Religion. Der formale Rationalismus des apriorischen, in der Fülle seelischer Wirklichkeit wirkenden, Gesetzes ist für die Religionswissenschaft neben der unbefangenen Religionspsychologie die bleibende Aufgabe; erst durch ihn wird die Religionspsychologie zur Religionswissenschaft. Gerade das verkennt die auf Kant sich berufende Werturteils-Theologie; indem sie allen Nachdruck auf die Scheidung theoretischer und praktischer Vernunft legt und an der Religion stets nur die praktische Unentbehrlichkeit der von ihr beanspruchten Werte betont, verliert sie die Notwendigkeit des Objektes, an dem diese Werte haften, und gerät sie an den Abgrund der Wunsch- und Illusionstheologie. Kant selbst dagegen hat stets die Notwendigkeit der apriorischen religiösen Vernunft und das in ihr gesetzte Objekt betont und darum gerungen, dieses rational-notwendige Element mit dem empirisch-psychologischen der konkreten religiösen Vorstellungen und Gefühle zu verbinden. An diesem Punkte liegt denn auch das eigentliche und dauernde, das heißt das richtig gestellte, Problem. Damit ist nicht ausgeschlossen, daß neben diese Hauptaufgabe noch andere Fragestellungen treten. Es wird unumgänglich sein zu fragen, wie sich die Ergebnisse einer solchen Untersuchung zu denen eines regressiven Rationalismus verhalten und ob sie in einem solchen irgendwie etwa eine weitere Stütze finden. Es wird weiter nötig sein, die verschiedenen Formen des religiösen Lebens einer geschichtsphilosophischen Wertabstufung zu unterziehen. Und es wird schließlich festgestellt werden müssen, welchen Einfluß das wissenschaftliche Weltbild auf die gedankliche oder vorstellungsmäßige Fixierung der Religion auszuüben berufen ist, oder m. a. W. welcher Einfluß dem modernen Weltbild in der bewußten Religionsgestaltung der Gegenwart einzuräumen ist. Aber all das kommt doch erst, wenn die Hauptaufgabe erledigt ist. Der feste Kern der Religionswissenschaft werden immer Psychologie und Erkenntnistheorie der Religion sein, beide in dem Verhältnis gefaßt, das Kant ihnen grundlegend angewiesen hat.

Gilt aber das, so ist freilich damit der Kantische Gedanke nur im Prinzip und im Ganzen behauptet. Die Durchführung selbst wird eine wesentlich andere sein müssen. Sein eigenes Prinzip der Synthese von Empirie und Rationalismus ist gerade von Kant selbst an diesem Punkte nicht entfernt mit der nötigen Strenge und Konsequenz durchgeführt worden. Auch liegt heute

eine ganz anders entwickelte Religionspsychologie vor, der
gegenüber die von Kant vorausgesetzte kahl und mager ist.
Schließlich liegen in der ganzen Methodik des Kritizismus überhaupt noch ungelöste Probleme, deren Ungelöstheit oder vor-
eilige Lösung gerade für die Religionswissenschaft besonders
empfindlich ist.

Es gilt daher zur Klärung des heutigen Problemstandes vor
allem, die Modifikationen zu bezeichnen, welche die Kantische
Religionslehre erleiden muß, und zwar vor allem aus Anlaß
einer verfeinerten Psychologie erleiden muß, wie sie bei James
vorliegt. Es sind vier Punkte, um die es sich dabei handelt.

Das erste ist die Frage nach dem Verhältnis von Psychologie und Erkenntnistheorie schon bei der Feststellung der
erkenntnistheoretischen Gesetze selbst. Ist nicht die Aufsuchung
und Konstatierung der erkenntnistheoretischen Gesetze selbst
nur in der Weise psychologischer Feststellung von Tatsachen
möglich, also selbst schon eine psychologische Aufgabe und
daher von allen Bedingungen dieser abhängig? Es ist die
viel verhandelte Grundfrage nach dem Zirkel, der in den Aus-
gangspunkten des Kritizismus selbst liegt. Darauf ist nur zu
sagen, daß dieser Zirkel im Wesen aller Erkenntnis selber
liegt, und daß er eben deshalb entschlossen begangen werden
muß. Er bedeutet eben nichts anderes, als eine Grundvoraussetzung alles Denkens, das Vertrauen zu einer Vernunft, die
im Gebrauche selbst erst durch sich selber festgestellt wird.
Die unverkennbaren Elemente des Logischen drängen sich selbst
als logisch im Unterschiede vom Psychologischen auf, und von
hier aus muß der Vernunft zugetraut werden, daß sie dann
des weiteren in allen ihren Trübungen und Verwicklungen
überall sich selbst innerhalb des Psychologischen wieder er-
kenne. Es ist der Mut des Denkens, wie Hegel sagt, der sich
die Selbsterkenntnis der Vernunft zutrauen darf und Vernunft
als im Psychologischen enthalten voraussetzen darf; oder es
ist die ethisch-teleologische Grundvoraussetzung alles Denkens,

wie Lotze sagt, die an die Erkenntnis und die Gültigkeit ihrer Gesetze glaubt um des Sinnes und Zusammenhanges des Wirklichen willen, und die daher auch sich aus dem psychologischen Gemenge herauszuerkennen trauen muß. Die Feststellung der erkenntnistheoretischen Gesetze ist so nicht selbst eine psychologische Analyse, sondern eine Selbsterkennung des Logischen, vermöge deren es sich aus der bloß psychologischen Gemengelage herauszieht. Die Erkenntnistheorie schließt so wie jeder Rationalismus allerdings ganz wesentliche Voraussetzungen über den sinnvollen, vernünftigen und teleologisch zusammenhängenden Charakter des Wirklichen ein, und ohne diese Voraussetzung ist sie nicht haltbar; in dieser Entscheidung, die eine Entscheidung des Willens ist, liegt ihre Wurzel. Das ist eine alte Erkenntnis, deren Bedeutung aber stets von neuem hervorgehoben werden muß, wenn es sich um die Geltendmachung des Rationalen gegen das bloß Empirische handelt.

Wichtiger aber noch als dieser Satz selbst sind einige Folgesätze, die mit ihm gegeben sind. Die Feststellung der Bewußtseinsgesetze, in denen wir die Erfahrung hervorbringen, ist ein Hervorholen dieser Gesetze aus der Erfahrung selbst, eine Selbsterkenntnis der in der Erfahrung enthaltenen Vernunft durch die sie herausziehende Analyse. Dann aber ist sie eine unendliche, in immer neuem Anlauf zu vollziehende und immer nur annähernd lösbare Aufgabe. Die völlige Scheidung des bloß Psychologisch-Tatsächlichen und des Logisch-Notwendigen wird nie vollständig gelingen, sondern immer Zweifel offen lassen; es kann nur versucht werden, dies Gebiet des Zweifelhaften immer stärker einzuengen. Und damit hängt ein Weiteres zusammen. Die unerschöpfliche Produktion des Lebens wird immer reicher sein an latentem Vernunftgehalt, als die Analyse es herausfindet, oder, anders ausgedrückt, die in das Licht der Logik erhobenen Gesetze werden immer hinter dem nicht ins Bewußtsein erhobenen Vernunftgehalte zurückbleiben, und die bewußte Logik wird sich immer wieder aus den im Verkehr mit dem Objekt erwachsenden, naturwüchsigen logischen Operationen korrigieren und bereichern müssen. Es wird also nie, wie Kant meinte, ein fertiges System der apriorischen Grundbegriffe vollendet geben, sondern dieses System wird immer im Wachsen sein, sich beständig korrigieren müssen und offene Stellen behalten. Schließlich und vor allem bleibt bei dieser Sonderung ein Rest innerhalb der psychologisch bedingten Erscheinungen bestehen, der entweder noch unbegriffenes, später aber gesetzlich reduzierbares und damit begriffenes Phänomen ist, oder der das nie werden kann und der dann Schein und Irrtum ist. Soll Psychologisches und Erkenntnistheoretisches geschieden werden, dann kann das nicht bloß geschehen, um zu zeigen, daß beides stets zusammen sein muß und erst zusammen wirkliche Erfahrung bildet; sondern dann muß auch eine Ausscheidung dessen sich ergeben, was eben bloß psychologisch und nicht auch zugleich rational ist, weil es Schein und Irrtum ist. Die Unterscheidung des Scheins und des Realen war der Ausgangspunkt, der zu der ganzen Problemstellung nötigte, und so muß das bloß Psychologische oder Schein und Irrtum bleiben neben dem, was psychologisch und erkenntnistheoretisch zugleich ist. Es bleibt im Bewußtsein immer ein Rest des Unbegreiflichen, das deshalb unbegreiflich ist, weil es überhaupt nicht zu begreifen ist, das heißt weil es Schein und Irrtum ist. Damit aber ist gesagt, daß die Wirklichkeit nie völlig rational ist, sondern in einem Kampf des Rationalen gegen das Anti-Rationale begriffen ist. Das Antirationale oder Irrationale im Sinne des psychologischen Scheins und Irrtums gehört also mit zum Wirklichen und liegt im Kampf mit dem Rationalen. Die von dem Denken zu gewinnende eigentliche und rationale Wirklichkeit ist immer zusammen mit der uneigentlichen psychologischen, d. h. den Schein und Irrtum enthaltende Wirklichkeit. Das alles aber bedeutet, daß der Rationalismus der Erkenntnistheorie nur ein bedingter sein kann, teils wegen der immer sich korrigierenden und bereichernden Befruchtung durch das naturwüchsige und naive Denken, teils wegen der nie völlig sicher auszumerzenden Beimengung des Scheins und Irrtums. So ist das System der kategorialen Formen, wie es Kant für theoretische und praktische Vernunft gebildet hat, längst wieder in Bewegung geraten und kann niemals die Starrheit erlangen, die Kants Rationalismus ihm hat für immer verleihen wollen. Und so enthält die rationale, von der Vernunft hervorgebrachte Gesetzeswirklichkeit des Kritizismus immer zugleich neben sich und unter sich die bloß psychologische Wirklichkeit des Tatsächlichen, zu dem auch Schein und Irrtum gehören, die nie rationalisiert, sondern nur beseitigt werden können. Wie das radikal Böse eine Konsequenz des Kritizismus ist, der das Gesetz der praktischen Vernunft nur gegen den Widerstand einer wirklich andersartigen Motivierung gewinnen kann, so ist seine Konsequenz auch das radikal Sinnlose und radikal Dumme, das lediglich falsch ist und lediglich berichtigt werden muß in einem realen Kampf der Vernunft gegen das Noch-nicht-Vernünftige und Unvernünftige. Wäre der Gegensatz nicht da und käme es nicht zu einem realen Kampf, so würde die ganze Scheidung des Logischen vom bloß Psychologischen gar nicht entstehen.

Und all das gilt denn auch für die Religionsphilosophie: die rationale Reduktion der psychologischen Tatsachen der Religion auf in ihnen waltende allgemeine Bewußtseinsgesetze ist eine beständig neu aus dem Studium der Wirklichkeit aufzunehmende Aufgabe und folgt der Bewegung der naturwüchsigen Religion nach, um in ihr den rationalen Grund erst zu finden; die Reduktion ist weiterhin immer nur eine annähernde, kann immer nur die Hauptpunkte erfassen und wird vieles offen lassen müssen, dessen rationale Begründung nicht oder noch nicht durchsichtig ist; sie hat schließlich überall mit dem Irrationalen als Schein und Irrtum zu rechnen, das überall an dem Rationalen haftet und doch von ihm aus nicht erklärlich ist. Die zwei Wirklichkeiten, die der Kritizismus schon in seiner Grundlage anerkennen muß, bleiben nebeneinander auch im Ergebnis. Das Erkennen ist die Gewinnung einer rationalen und gültigen Wahrheit durch Gesetze; aber diese Gewinnung ist stets ein Kampf mit dem Irrationalen und Ungültigen; es holt sich in der Tat des Denkens aus seiner Vermengung mit dem bloß Tatsächlichen und mit dem Irrtümlichen heraus und, einer objektiven Vernunftnötigung folgend, schafft es doch immer erst die dem Menschen geltende Wahrheit durch die Tat. Dann aber ist auch das Unternehmen, aus der psychologisch-geschichtlichen Wirklichkeit der Religion die Wahrheit der Religion herauszuerkennen, immer zugleich ein Kampf mit bloß Tatsächlichem und mit Irrtum, und ist auch die Feststellung der religiösen Wahrheit stets eine Tat und Entscheidung, die, objektiver und vernunftgesetzlicher Nötigung gehorchend, doch erst im Kampf mit dem Irrtum und in der Bewältigung des bloß Tatsächlichen die Wahrheit erschafft, indem sie sie findet. Kant selbst hat im wesentlichen die empirische Religionsgeschichte so betrachtet, wenn er auch seine Betrachtung in die viel zu engen deistisch-rationalistischen Formen einer Beurteilung der geschichtlich-positiven Religion durch die reine Vernunftreligion einkleidete, wobei es diese reine Vernunftreligion als fertigen Inhalt und Maßstab für die wirklichen Religionen nach seinen eigenen Voraussetzungen gar nicht geben konnte. Die Religionsphilosophie der Hegelschen Schule hat uns dann daran gewöhnt, das rationale Bewußtseinsgesetz der Religion immer in seiner historisch-empirisch-konkreten Erfüllung zu denken. Allein ihr rationalistischer Monismus, der bei den weniger konsequenten, mit Gefühl, Herz und Willen paktierenden Nachfolgern von heute zu einem sträflichen Optimismus und einer behaglichen Gutmütigkeit geworden ist, hat dann nun auch alles Empirische in die Vernunft aufgenommen, und für ihn gibt es keine radikale Unvernunft und keinen Irrtum. Die psychologische Erklärbarkeit und Nachfühlbarkeit der Motive läßt nicht bloß alles psychologisch verstehen und verzeihen, sondern taucht allen Wahnsinn und Aberwitz, allen Stumpfsinn und Wahrheitshaß, alle Gräuel und Verbrechen, alle Gedankenlosigkeit und Verworrenheit der empirisch-psychologischen Religion in den dämmernden Nebel einer jedesmal an ihrem Ort vernünftigen Notwendigkeit. Das tötet allen Kampf und alle Arbeit an der Religion, ohne die es auch hier keine Wahrheit gibt; und, stünde die Sache so, dann wäre es nicht der Mühe wert, einen Gedanken anzuspannen und eine Feder anzusetzen für ein so ergebnisloses Ding, wie die Religionsphilosophie dann wäre. Nein, die recht verstandene und recht fortgesetzte Kantische Lehre fordert die genaueste Kenntnis der empirisch-tatsächlichen Wirklichkeit der Religion und die Herausgestaltung der Wahrheit aus dieser Wirklichkeit, die nur zum Teil göttlich-menschliche Wahrheit, zum andern Teil aber einfacher menschlicher Irrtum ist.

Die zweite Korrektur der Kantischen Lehre ist nur die andere Seite dieses Sachverhaltes. Erfordert das Verhältnis von Psychologie und Erkenntnistheorie eine strenge Scheidung, so erfordert es diese Scheidung doch nur zum Zweck richtiger Beziehung. Die erkenntnistheoretischen Gesetze sind unterschieden von der bloßen psychologischen Tatsächlichkeit, können aber doch nur aus ihr hervorgeholt werden. Und so ist in der Tat die psychologische Analyse die Voraussetzung für die richtige Fassung aller dieser Gesetze. Die Psychologie ist das Eingangstor zur Erkenntnistheorie. Das gilt für die theoretische Logik so gut wie für die praktische Logik des Sittlichen, Ästhetischen und Religiösen. Gerade an diesem Punkte aber drängt die Gegenwart auf Grund ihrer psychologischen Forschungen weit über die Urformen der Kantischen Lehre hinaus. Es ist hier nicht der Ort, das für die erstgenannten Gebiete näher zu beschreiben. Wichtig aber ist, hervorzuheben, daß das gerade für die Kantische Religionslehre vorzugsweise gilt. Die Kantische Religionslehre beruhte auf der Moral- und Religionspsychologie des Deismus, der die in der Erfahrung

häufige Verknüpfung sittlicher Empfindungen mit religiösen Gefühlen zur alleinigen Basis der Religionsphilosophie gemacht
und diese Verknüpfung in der Weise der Psychologie des
18. Jahrhunderts sofort in intellektuelle Reflexionen verwandelt
hatte, denen gemäß das Sittengesetz seinen Urheber und
Garanten fordert. Kant hat diese Religionspsychologie ungeprüft
übernommen und darauf sein Grundgesetz des religiösen Bewußtseins aufgebaut, wonach ihm in der Religion ein syntheti-
sches Urteil a priori wirksam ist, das aus dem sittlichen Erlebnis
der Freiheit entsteht und die Welt als den Zwecken der Freiheit
untertan zu betrachten zwingt. Das aber ist eine sehr einseitige
Orientierung der Religionsanalyse gerade an den ethischen
Elementen und eine sehr gewaltsame Übersetzung der religiösen
Zuständlichkeiten in Reflexion. Der Irrtum dieser Religionspsychologie ist bereits von Schleiermacher aufgedeckt und berichtigt worden. Aber Schleiermacher hat dann doch seinerseits einer allzu raschen metaphysischen Ausdeutung des von
ihm aufgezeigten religiösen Apriori ebensowenig widerstanden,
indem er die apriorische Beurteilung der Dinge unter dem Gesichtspunkt der absoluten Abhängigkeit von Gott nicht bloß
als ein dunkles Gefühl beschrieb, sondern dieses Gefühl vermöge der in ihm angeblich stattfindenden Indifferenz von Denken
und Wollen, Vernunft und Natur, zum Weltprinzip erhob und den
in diesem Gefühl enthaltenen Gottesgedanken in dem Sinne
seines Spinozismus, seiner Indifferenz von Gott und Natur im
Absoluten, deutete. Eine wirkliche Erkenntnistheorie der Religion wird sich weit unabhängiger von allen metaphysischen
Voraussetzungen und Folgerungen halten müssen, und sich das
Wesen des religiösen Apriori aus einer völlig unbefangenen
psychologischen Analyse zeigen lassen müssen.

Hier ist denn auch der Ort, wo Werke, wie das von James
eingreifen können. Die Religion als die besondere Kategorie
oder Form psychischer Zuständlichkeiten, die sich aus der mehr
oder minder dunklen Präsenz des Göttlichen in der Seele er-

gibt, die Gegenwarts- und Wirklichkeitsempfindung in bezug auf Übermenschliches oder Unendliches, das ist ganz zweifellos ein viel richtigerer Ausgangspunkt für die Analyse des rationalen Apriori der Religion. Hier liegen die Aufgaben der heutigen und zukünftigen Religionspsychologie. Einer solchen hat die praktische Analyse in Predigt, Meditation und Erbauung in allen Religionen vorgearbeitet. Hierher gehören die besten Gedanken eines Augustin, der Mystiker und Pietisten, hierher die Versuche eines Jacobi, Schleiermacher, Herder und Fries, die Selbsterforschungen eines Vinet und Kierkegaard. Eine wirkliche wissenschaftliche Verarbeitung von alledem im Rahmen eigentlich psychologischer Begriffe aber ist noch eine Zukunfts-aufgabe, zu deren Lösung die genannten Amerikaner die erste Hand angelegt haben. Wird aber diese neue psycho-logische Grundlegung wirklich fruchtbar gemacht für das eigent-liche Ziel der Religionsphilosophie, die Erkenntnistheorie der Religion oder die Lehre vom Wahrheitsgehalt der Religion, dann werden die auffallenden Härten und die jedem instinktiv fühlbaren Mängel der Kantischen Religionslehre, ihr kühler Moralismus und ihr intellektueller Postulatencharakter, ver-schwinden, und es wird nicht mehr möglich sein, daß einer der besten Theologen sich an der ganz einseitigen Aufgabe ab-quält, die Religion als Kern der formalen sittlichen Autonomie zu erweisen und das Christentum als die wunderbare Wieder-herstellung dieser Autonomie zu beschreiben, die in dem hetero-nom und damit sündig gewordenen Menschen durch den persön-lichen Eindruck Jesu neu entzündet wird. Dann wird auch erst der Weg frei werden, neben dem Christentum und seinen Re-ligionen die andere größte Religionsbildung, den Hinduismus mit seinen Religionen, zu verstehen und mit wissenschaftlicher Billigkeit und Überlegung an die große Zukunftsfrage heran-zugehen, die sich aus dem Zusammenstoß der christlichen Welt mit der ostasiatischen ergeben wird.

Die dritte Änderung bezieht sich auf die Unterscheidung

des empirischen und intelligibeln Ich, die Kant eng, ja fast unlösbar mit seinem erkenntnistheoretischen Grundgedanken des formalen, erfahrungsimmanenten Rationalismus verbunden hat. Kant rationalisiert die gesamte „äußere und innere" Erfahrung durch apriorische Gesetze zu einem in den Anschauungsformen von Raum und Zeit erscheinenden, streng kausal und notwendig verknüpften Ganzen gesetzlicher Wirklichkeit. Dieser Gedanke hat aber wunderliche Konsequenzen. Die aus der logischen Idee autonom sich bestimmende und dem psychologischen Ablauf sich entgegenstellende Freiheit bringt aus der trüben psychologischen Wirklichkeit dieses wissenschaftliche Bild der wahren Wirklichkeit hervor. Aber das Denkprodukt verschlingt seinen eigenen Schöpfer. Denn dieselben Freiheitsakte, die autonom das Bild der Gesetzeswirklichkeit hervorgebracht haben, stehen doch selbst im zeitlichen Ablauf des psychischen Geschehens und verfallen daher mit diesem selbst dem mechanisch-gesetzlichen Ablauf. Das intelligible Ich schafft die Gesetzeswelt und findet sich mit seinem Tun in dieser als empirisches Ich, das heißt, als Produkt des großen Weltmechanismus und seines kausalen Ablaufes. Es ist ein unerträglicher, gewaltsamer Widerspruch, und es ist keine Lösung 'dieses Widerspruchs, das empirische Ich der Erscheinung und das intelligible der an sich bestehenden Realität zuzuweisen, wenn doch die Handlungen des intelligibeln Ich als Bestandteile des seelischen Geschehens in die Zeit fallen und damit rettungslos der Phänomenalität und ihrem Mechanismus verfallen. Aller Scharfsinn moderner Kant-Interpreten hat diesen Zirkel nicht erträglicher machen können, alle Abschiebungen auf verschiedene Betrachtungsweisen ein und derselben Sache haben nur die wissenschaftliche Terminologie durch Musterleistungen verklausulierter Vorsicht bereichert, aber den Anstoß nicht wegschaffen können, daß die zwei verschiedenen Betrachtungsweisen in Wahrheit nicht parallel nebeneinander gehen, sondern in demselben Objekt aufeinander stoßen.

Besonders unerträglich ist dieser Zirkel für die Religionspsychologie und ihre erkenntnistheoretische Verwendung. Die Religionspsychologie zeigt uns durchaus die Grundempfindung aller Religion, nicht ein Produkt des mechanischen Ablaufes, sondern eine Wirkung des in ihr empfundenen Übersinnlichen selbst zu sein, sie will aus dem intelligibeln Ich stammen vermöge eines irgendwie gearteten Zusammenhangs mit der übersinnlichen Welt. Das aber wird völlig unmöglich bei der Kantischen Theorie vom empirischen Ich, und alle Unterscheidung einer doppelten Betrachtungsweise kann daran nichts ändern, daß diese Betrachtungsweisen sich absolut ausschließen. Hier steht der psychologische Befund, der die Aussage des religiösen Gefühls nur bestätigen kann, indem er die Religion auch seinerseits auf nichts anderes kausal reduzieren kann, durchaus gegen die Konsequenzen einer solchen Erkenntnistheorie. Es gilt das für Moral und Kunst, und auch für die Religion wird kein Hinweis auf zukünftige Triumphe einer noch tiefer in das Dunkel eindringenden Experimentalpsychologie eine solche Reduktion in Aussicht stellen können. Für Kants Religionspsychologie galt es schon darum, weil er sie mit der Moral aufs engste verknüpfte. Aber auch die andersartige moderne Religionspsychologie kommt zu dem gleichen Ergebnis eines in der Religion tätigen autonomen Bewußtseins. Dann aber ist auch die Abgrenzung gegen den Fluß bloß psychologischer Verknüpfungen die notwendige Folge. Kant hat das praktisch auch selbst oft genug empfunden und spricht dann von der Freiheit als einer Erfahrung und von der Gemeinschaft mit dem Übersinnlichen als einer möglichen, aber unbeweisbaren Sache, während doch alles das bei strenger Festhaltung der Phänomenalität der Zeit und bei der daraus folgenden Theorie vom empirischen Ich völlig unmöglich ist. Hier kann nichts anderes helfen, als eine entschlossene Preisgabe derjenigen erkenntnistheoretischen Sätze, die dem psychologischen Befunde widersprechen und die ja selbst erst Konsequenzen aus fraglichen Voraussetzungen sind. Es ist nichts anderes möglich als die Phänomenalität der Zeit dahin zu modifizieren, daß keineswegs alles, was der Zeit angehört, damit ohne weiteres auch von selbst der Phänomenalität angehört, sondern daß die in den Zeitverlauf des Bewußtseins eingreifenden autonom rationalen Akte ihre eigene intelligible Zeitlichkeit besitzen. Damit ist dann auch der mit dem Zeitbegriff eng zusammenhängende Kausalitätsbegriff dahin zu modifizieren, daß es nicht bloß einen immanenten phänomenalen Kausalzusammenhang, sondern auch eine geordnete Wechselwirkung zwischen phänomenaler und intelligibler, psychologischer und rationaler Bewußtseinswirklichkeit geben müsse. Mit alledem ist dann überhaupt auch der Folgesatz aufgegeben, daß das Ich unbedingt und ohne weiteres schlechthin der Phänomenalität und der kausalen Notwendigkeit unterliegt, während dasselbe Ich dann ebenso wieder als Ganzes und schlechthin unter anderm Gesichtspunkt der Freiheit und Autonomie, d. h. der Selbstgesetzgebung durch Ideen, untersteht. Die beiden Ich müssen nicht neben-, sondern in- und übereinander liegen. Was dabei das phänomenale Ich, die gesamte Erfahrung einschließlich der Erfahrung vom fremden Bewußtsein und der Lokalisierung seiner Tätigkeit an bestimmten Punkten der Erfahrung oder dem Körper, bedeute, was insbesondere die „Notwendigkeit" der kausalen Verknüpfung dieser Erfahrung bedeute, mag hier auf sich beruhen. Hier sind alle kantischen Einzellehren wieder in Fluß geraten, und nur dem spezialisierten Fachmann steht hier ein wirkliches Urteil zu. Hier kommt es nur darauf an, daß der ganze Ansatz des kantischen Denkens das Eingreifen der autonomen Betätigung des intelligibeln Ich in das psychologische Ich behaupten muß, und daß dem nichts entgegensteht als die Behauptung einer kausalnotwendigen Verknüpfung alles dessen, was in die Zeit fällt. Diese Behauptung selbst aber ist nichts anderes als die Erhebung der Grundsätze der klassischen Mechanik zu einer apriorischen Denkform, die dann um der Konsequenz willen auch die Zeitverhältnisse des auf keine Körperlichkeit bezogenen Geschehens und die des Zusammenhangs körperlichen und unkörperlichen Geschehens unter die gleiche Betrachtung gezogen hat. Es muß möglich sein, daß in dem phänomenalen Ich durch schöpferische Tat des in ihm latenten intelligibeln Ich die Persönlichkeit als Verwirklichung der autonomen Vernunft geschaffen und entwickelt werde, wobei das Intelligible aus dem Phänomenalen, das Rationale aus dem Psychologischen hervorbricht, es in der Zeit bearbeitet und gestaltet und zwischen beiden ein Verhältnis der geordneten Wechselwirkung, aber nicht des kausalen Zwanges stattfindet. Diese freilich tief einschneidende Modifikation ist wiederum eine Annäherung der Kantischen Lehre an den Empirismus, aber in der Unterscheidung und Nebeneinanderstellung der phänomenalen und intelligibeln Welt, in der Betonung der aus der Vernunft-Einheit hervorgehenden einheitlichen Persönlichkeit doch zugleich die Festhaltung des Rationalismus. Indem aber die Unterscheidung und Aufeinanderbeziehung des Rationalen und Empirischen den Ausgangspunkt des Kritizismus bildet und dieser Ausgangspunkt zugleich Formung und Gestaltung des Empirischen durch das Rationale und Ausscheidung des psychologischen Scheins verlangt, ist ja von Hause aus ein bloßer Parallelismus nicht möglich, sondern ein Aufeinanderwirken eingeschlossen und eine Aufgabe des Kampfes und der Arbeit gestellt, die das Rationale überall in das bloß Empirische eingreifen läßt. Schon im Ansatz liegt die Ausschließung des Parallelismus und die Behauptung des Ineinandergreifens. Das Ineinandergreifen selbst aber behauptet eben damit die Unterbrechung der kausalen Notwendigkeit und das Eingreifen der autonomen Vernunft in diesen Verlauf, ohne daß es selbst durch diesen Verlauf hervorgebracht wäre, auch wenn es durch ihn angeregt und gefördert oder gehemmt und geschwächt werden kann.

Damit ist dann aber auch in diesem Falle das Irrationale

neben und in dem Rationalen anerkannt. Es ist in diesem Falle das Irrationale des Geschehens ohne kausale Nötigung durch etwas Vorausgehendes oder der Selbstbestimmung bloß aus der autonomen Idee. Es ist das Irrationale des schöpferischen Handelns, das aus sich heraus die Idee erfaßt und erst aus der gefaßten Idee die vernünftigen Folgen hervorbringt. Dieses Irrationale aber spielt im ganzen seelischen Leben überall eine wesentliche Rolle und ist geradezu entscheidend für die Religion, die etwas ganz anderes werden müßte als sie ist, wenn ihr nicht mit Recht das zukäme, was ihre Grundaussage von sich selbst ist, nämlich, daß sie eine Tat der Freiheit und ein Geschenk der Gnade sei, eine das natürlich-phänomenale Seelenleben durchbrechende Wirkung des Übersinnlichen und eine die natürliche Motivation aufhebende Tat der freien Hingebung.

Mit alledem ist dann auch eine grundlegende Entscheidung getroffen in dem schwersten Konflikt, der die moderne Religionsphilosophie entzweit. Kant hat diese Entscheidung selbst gewollt und hat in ihrem Sinne empfunden; aber er hat sie noch nicht so schroff vollzogen, wie es seine eigenen Prämissen verlangen. Dieser Konflikt ist gegeben in den Einwirkungen der modernen klassischen Naturphilosophie seit Galilei und Descartes auf unser Weltbild. Der Begriff der mit ihr gegebenen geschlossenen Naturkausalität, der in dem Begriff der Erhaltung der Masse und der Energie gipfelt, und der sich in dem Begriff der jedesmal herzustellenden Kausalgleichung zwischen Ursache und Wirkung über alles ausbreitet, hat zu seiner notwendigen Konsequenz den Monismus, der, auch wo er antimaterialistisch das geistige Leben dem materiellen parallel zuordnet, doch stets nur kausal bestimmbare Umlagerungen und Umordnungen gegebener Elemente und Kräfte kennt. Die Konsequenz aber dieses Monismus für die Religionsphilosophie ist unausweichlich der moderne Pantheismus, wie ihn, auf die mathematisch-mechanische Naturgesetzlichkeit gestützt, Spinoza klassisch entwickelt hat. Seitdem ist dieser Pantheismus immerdar ein

Ingredienz der modernen Religionsphilosophie geblieben. Er liegt ihr in allen Gliedern und lähmt jede Bewegung. Wie sehr man auch diesen Pantheismus mit dem ganz andersartigen, auf dualistischer Mystik beruhenden Brahmanismus oder mit mystischen und lyrischen Gefühlen verbinden mag, um ihn dadurch als wirklich religiös zu erweisen, er bleibt der Tod aller wirklichen Religion, die nur lebendig ist, wenn sie aus dem Weltlauf zu dem von ihm verschiedenen Gott sich erheben und aus ihm Kraft zum Widerstand gegen den bloßen Weltlauf schöpfen kann. Daher hat es nie an Gegenwirkungen gegen diesen tödlichen Monismus gefehlt. Leibniz hat die Individualität und den Pluralismus, Kant hat die Freiheit und die Irrationalität dagegen aufgerichtet. Aber indem Kant die Freiheit auf die intelligible Welt einschränkte, die phänomenale der naturgesetzlichen Kausalität des geschlossenen, notwendigen Naturzusammenhanges auslieferte und diese beiden Ichs, das empirisch-kausale und das intelligibel-freie, nur nebeneinander stellte, aber nie ineinander eingreifen ließ, hat er doch in dieser phänomenalen, allbeherrschenden Naturkausalität den Stamm stehen lassen, aus dem die Krone des monistischen Pantheismus wieder hervorwuchs und hervorwachsen mußte, um schließlich in ihrem dichten Schatten die praktische Freiheit absterben und verkümmern zu lassen. Wird dagegen entschlossen anerkannt, daß dies Ineinandergreifen schon in den Grundbegriffen des Kritizismus selbst liegt, und daß ohne es kein Schritt weiter in ihm möglich ist, dann ist der empirisch-phänomenale Kausalitätsbegriff selbst modifiziert und auf die Durchbrechung durch hereinwirkende andersartige Kräfte eingerichtet. Erst so ist dem Versuch der Marburger Kant-Schule, den Kritizismus und damit die Philosophie als wissenschaftliche Erzeugung einer allgesetzlichen und darum erst wahrhaft wirklichen Gesetzeseinheit zu fassen, womit die Reduktion der Religion auf die Vernunftidee der gesetzlichen, im Fortschritt des Denkens werdenden, Welteinheit verbunden ist, die Wurzel ausgebrochen. Und erst so ist auch den tausendfachen Versuchen naturwissenschaftlicher Religion oder unbestimmter monistischer Einheitsideen, wie sie die Dilettanten der Religionsphilosophie heute durchschnittlich beherrschen, der Boden entzogen. Es ist eine Korrektur, die aus den erkenntnistheoretischen Prämissen des Kritizismus selbst hervorgeht und mit dem Kampf des Logischen gegen das Unlogische, des unbedingt Wertvollen gegen das Wertlose und Wertfeindliche, von selbst gegeben ist. Wie weit sie auch von den Umwälzungen der heutigen Mathematik und Mechanik bestätigt werden mag, kann der Nicht-Fachmann nicht bestimmen. Aber sicherlich wird sie bestätigt durch den einfachen psychologischen Befund, der wohl überall Zusammenhänge, aber keineswegs überall kausale Notwendigkeiten aufweist, am wenigsten in der Entstehung religiöser, ethischer und ästhetischer Erfahrungen. So wird die Religionsphilosophie gerade bei der vollen Befolgung und Durchdenkung des Verhältnisses, das die Kantische Lehre zwischen Psychologischem und Erkenntnistheoretischem gesetzt hat, von der tödlichen Umklammerung des Monismus befreit, den nur die Phrase als wirkliche Religion feiern kann und den die monistischen Religionsfeinde besser in seiner Konsequenz verstehen. Es wird das Problem des Irrationalen als Problem der Freiheit und der schöpferischen Wahrheitserzeugung hervortreten, wie bei dem späteren Schelling, und es werden dessen orthodoxe und gnostische Schrullen doch vermieden bleiben, weil in dieser Freiheit das Rationale und Allgemeingültige der Religion sich selbst erfaßt und von hier aus die geschichtliche Religion kritisch fortgestaltet.

Das vierte Problem entsteht, wenn wir das rationale, in Wesen und Organisation der Vernunft liegende Gesetz der Religiosität oder des Religion-Habens selbst ins Auge fassen. Als ein Gesetz des normalen Bewußtseins läßt sich das Religion-Haben erweisen aus dem immanenten Notwendigkeits- und Verpflichtungsgefühl, das der Religion zukommt, und aus ihrer organischen Stellung in der Ökonomie des Bewußtseins, das seinen Zusammenschluß und seine Beziehung auf eine objektive Weltvernunft erst durch sie empfängt. Das Religion-Haben gehört also zum Apriori der Vernunft. Aber gerade indem die Religion hierauf reduziert wird, ist deutlich, daß das eben nur eine Reduktion ist, die von der empirischen Tatsächlichkeit ebenso abstrahiert, wie es die Kategorien der reinen Vernunft tun. Diese Abstraktion darf daher nie und nimmer selbst für die eigentliche Religion gehalten werden. Sie ist nur das rationale Apriori der psychischen Erscheinungen, aber nicht die Ersetzung der Erscheinungen durch die von Trübung freie Wahrheit. Über ihm darf die psychische Wirklichkeit nicht vergessen werden, in der allein es wirksam ist. Das aber war nach zwei Seiten hin in der Kantischen Religionslehre der Fall. Es ist stets aufgefallen, daß das Apriori der praktischen Vernunft von Kant ganz anders behandelt wird, als das der theoretischen. Bei dem letzteren ist der Grundgedanke der erfahrungsimmanenten Synthese von Rationalismus und Empirismus festgehalten und ist das Apriori der reinen Anschauungsformen und der reinen Kategorien nichts ohne den Inhalt der konkreten Wirklichkeit, der in ihr gestaltet wird. Es mag sehr schwierig sein, das Zusammenwirken des Apriorischen und Empirischen im einzelnen wirklich zu fassen, und es mag die Kategorienlehre Kants ganz neu gebildet, vielleicht der Lehre von apriorischen, aber verifikationsbedürftigen Hypothesen angenähert werden müssen; immer aber ist doch das Prinzip selbst die Stellung des wirklichen und echten Problems alles Erkennens. Bei dem praktischen Apriori dagegen hat Kant zwar den formalen Charakter des ethischen, ästhetischen und religiösen Gesetzes streng betont, aber darüber dann doch die psychische Wirklichkeit ganz aus den Augen verloren. Sie erscheinen nicht als leere Formen, die erst in der Füllung mit den konkreten ethischen Aufgaben, künstlerischen Schöpfungen und religiösen Zuständen zu ihrer Wirklichkeit gelangen,

sondern wie abstrakte Vernunftwahrheiten, die an Stelle der
Verworrenheiten des gewöhnlichen Bewußtseins zu treten haben.
An diesem Punkte hat man mit Recht immer einen Rückfall
Kants in den abstrakten, analytischen Begriffs-Rationalismus
empfunden, und aus eben diesem Grunde sind auch Kants Äuße-
rungen über diese Dinge zwar von großer Erhabenheit und
Strenge des Prinzips, aber dürftig im Inhalt. Es gilt vielmehr
auch bei diesem Apriori der praktischen Vernunft immer im
Auge zu behalten, daß es ein rein formales Apriori ist und in
Wirklichkeit sich stets auf die psychische Inhaltlichkeit zu beziehen hat, um dieser Inhaltlichkeit den festen Kern des Realen
und das Prinzip der kritischen Selbstregulierung zu geben.
So ist das Apriori der Moral nicht bloß rein für sich abstrakt
darzustellen, sondern es ist in seiner Beziehung auf alle Aufgaben zu begreifen, die wir als gesollte empfinden, und es
erstreckt sich von da aus auf den gesamten Umfang der Vernunftbetätigung. So ist das Apriori der Kunst nicht bloß in
der abstrakten Idee der Einheit von Freiheit und Notwendigkeit zu bezeichnen, sondern im ganzen Umfang dessen auf-
zuweisen, was als künstlerische Gestaltung oder Auffassung
seelisch vorhanden ist. So ist insbesondere schließlich die
Religion nicht zu reduzieren auf den Vernunftglauben an eine
sittliche Weltordnung, und allen vermeintlichen Religionen anderer
Art einfach entgegenzustellen, sondern das religiöse Apriori
soll nur dazu dienen, das Notwendigkeitselement in der empirischen Erscheinung, aber ohne Abstreifung dieser Anschauung
überhaupt, festzustellen und von diesem Element aus Verworrenheiten und Einseitigkeiten der psychischen Lage zu be-
richtigen, ohne sie selbst zu beseitigen. Kant ist durch seinen
ursprünglichen Gedanken vom Apriori auch verschiedentlich
zu solcher Auffassung gedrängt worden und hat geradezu die
empirisch-psychologische Religion als phantasiemäßige Ver-
anschaulichung des Apriori erkenntnistheoretisch konstruiert.
Allein das ist doch nur gelegentlich und beherrscht nicht Kants

eigentliche Auffassung von der Religion. Diese ist und bleibt im Grunde doch nur eine Übersetzung des üblichen theologischen Rationalismus in die Formeln des Kritizismus.

Die gleiche Korrektur ergibt sich nun aber auch noch von einer anderen Seite her. Ist die Religion ein Apriori der Vernunft, so ist sie an sich mit der Vernunft überhaupt gesetzt und alle Vernunft ist in dem Maße, als sie überhaupt verwirklicht ist, überall und immerdar auch religiös, auch wenn sie selbst es sich nicht zu Bewußtsein brächte. Schleiermacher hat in seiner Fortbildung der Kantischen Lehre das auch direkt ausgesprochen, und, insofern bei Kant mit der Freiheit die praktische Vernunft überhaupt sich durchsetzt und daher mit der sittlichen Freiheitstat auch die Religion von selbst gesetzt ist, ist das auch von Kant selbst behauptet worden. Eine solche Behauptung widerspricht nun aber aller und jeder psychologischen Beobachtung. Wohl kann eine solche feststellen, daß an alle Vernunftregungen religiöse Empfindungen sich verhältnismäßig leicht anschließen, aber sie muß die blasse Religiosität des dunklen Gefühls übersinnlicher Ordnungen, das mit Kunst und Moral u. a. sich zu verbinden pflegt, doch scharf unterscheiden von der eigentlichen und charakteristischen Religiosität, in der jedesmal irgendwie ein persönliches Gegenwartsverhältnis zum Übersinnlichen stattfindet. Dieses ganze Problem aber bedeutet nichts anderes als das der Aktualisierung des religiösen Apriori, welche Aktualisierung immer in ganz spezifischen und bei aller Verschiedenheit wesentlich gleichartigen psychischen Erlebnissen und Zuständen zustande kommt. Dieses Problem der Aktualisierung des religiösen Apriori und seines Zusammenhangs mit konkreten, individuellen psychischen Phänomenen hat Kant in seinem abstrakten Religionsbegriff völlig übersehen oder vielmehr ausdrücklich vermieden, weil er darin, wie er an Jacobi schreibt, alle Gefahren des Mystizismus lauern sieht. Diese Befürchtung ist berechtigt, denn hier lauern in der Tat alle spezifischen Erscheinungen des

Mystizismus von Bekehrung, Gebet und Kontemplation bis zu Schwärmerei, Vision und Ekstase. Aber ohne diesen Mystizismus gibt es die wirkliche Religion nicht, und die Religionspsychologie zeigt aufs deutlichste, wie in den mystischen Erlebnissen der eigentliche Pulsschlag der Religion schlägt. Eine Religion ohne sie ist nur Vorstufe oder Nachhall der eigentlichen und wirklichen Religion. Diese Zustände sind nun aber von der Erkenntnistheorie aus sehr wohl zu begreifen, wenn man in ihnen die Aktualisierung des religiösen Apriori, die Hervorbringung der wirklichen Religion im Zusammentritt des rationalen Gesetzes und der konkreten, individuellen psychischen Tatsächlichkeit sieht. Schleiermacher nennt das die Erregung des „frommen Gefühls" und sieht ganz richtig diese Erreger in allen denkbaren Eindrücken, in Natur- oder Geschichtserlebnissen, in moralischen oder künstlerischen Ergriffenheiten, in vermittelnden persönlichen Einflüssen; aber er trennt das apriorische Wesen der Religion doch immer wieder von den Erregern und findet die Mystik der Religion in dem Rückgang auf diese „reine" Religion. Die wirkliche Mystik der Religion besteht aber in der inneren Verschmelzung von reiner Religion und Erregung, in der Erfüllung der Religion mit Inhalt aus der Erregung und in der Verbindung der Erregung mit der in ihr gegenwärtigen Offenbarung und Selbstmitteilung der Gottheit. Hierin liegt der springende Punkt, und hierin liegt die der Religion wesentliche naive Mystik, während die andere Mystik ein Kunstprodukt der Reflexion ist. Auch wird erst so Raum für die Tat der Bejahung und Ergreifung, in der aus der Dämmerung der bloßen apriorischen Immanenz der Religion in der Vernunft das Licht der gewollten und uns mit dem Realitätsgefühl erfüllenden Religion aufgeht. Der von der Religionspsychologie als wesentlich erkannte Mystizismus muß seinen Platz finden in der Erkenntnistheorie, und er findet ihn als die psychologische Aktualisierung des religiösen Apriori, in der erst jenes Ineinander von Notwendigem, Rationalem, Gesetzlichem und Tatsächlichem,

Psychologischem, Besonderem zustande kommt, das die wirkliche Religion charakterisiert. Die Gefahren eines solchen Mystizismus, die durch tausendfältige Erfahrung gekennzeichnet sind, können nicht durch die Beseitigung des Mystizismus überhaupt beschworen werden. Denn das hieße die Religion selbst beseitigen. Es wäre dasselbe, wie wenn man die Gefahren des Scheins und Irrtums meiden wollte dadurch, daß man sich nur an die reinen Kategorien hält und darauf verzichtet, sie im wirklichen Erfahrungsdenken zu betätigen. Sie können vielmehr nur dadurch beschworen werden, daß in den mystischen Erscheinungen die Aktualisierung des rationalen Apriori erkannt wird und dadurch sowohl den Verworrenheiten als den Einseitigkeiten der bloß psychologisch ablaufenden Religiosität vorgebeugt wird. Die psychologische Wirklichkeit der Religion muß sich immer auf den rationalen Kern der Religion besinnen und die Religion als Zentrum der Bewußtseinsökonomie in fruchtbare und ausgleichende Berührung mit dem Gesamtleben der Vernunft bringen. So berichtigt und reinigt die psychologische Wirklichkeit sich selbst aus ihrem Apriori, ohne aber doch selbst sich aufzuheben; die aktuelle Religion vielmehr wird immer stärker oder schwächer in der psychischen Kategorie der mystischen Erscheinungen verlaufen.

So kommt hier das Irrationale in seiner dritten Form zur Geltung, die wie die beiden anderen im Ansatze des Kritizismus schon enthalten ist, in der Form des Einmaligen, Tatsächlichen und Individuellen, das wohl eine rationale Grundlage oder ein rationales Element in sich hat, aber überdies doch eine reine Tatsache und Wirklichkeit ist. Es ist gerade der Vorzug des erfahrungsimmanenten Rationalismus oder des Kritizismus, daß er diesem Moment neben der allgemein-begrifflichen Rationalität seinen Ort einräumt. Er hat es ihm nur nicht in dem Umfange eingeräumt, in dem es ihm wirklich zukommt, und er hat insbesondere in seiner abstrakten Religionsphilosophie ihm keinen Raum gelassen. Dieser Raum muß ihm durch die Theorie von der Aktualisierung des religiösen Apriori wieder eröffnet werden. Der Zusammenklang des Apriorisch-Rationalen-Allgemeinen mit dem Tatsächlich-Irrationalen-Einmaligen ist das Geheimnis der Wirklichkeit und das Grundproblem aller Erkenntnis. Mag das Allgemein-Rationale der Sphäre der naturgesetzlich-theoretisch denkenden Vernunft oder der wertgesetzlich-praktisch urteilenden Vernunft angehören, immer bleibt dies Zusammensein das große unenträtselbare Grundgeheimnis des Lebens, das immer nur betätigt und nie begriffen wird, das aber in seiner Betätigung und in der Ausscheidung des Irrtums sich als Äußerung der allgemeinen, sein-sollenden, allein Wahrheit und Wirklichkeit stiftenden kosmischen Vernunft empfindet. Es ist auch das unauflösbare Geheimnis der Religionsphilosophie, und auch die Religionsphilosophie ahnt in der Betätigung dieses Geheimnisses die verborgene Einheit der kosmischen Vernunft, in der Allgemein-Notwendig-Rationales und Tatsächlich-Individuell-Gegebenes eine unbegreifliche Einheit hat. Ja, gerade sie besonders zeigt in der hierbei entstehenden Empfindung von der Gegenwart und Wirkung des Göttlichen diese schaffende Urkraft, die der Inbegriff des Wirklichen und des Sein-sollenden ist, und die in dieser Einheit doch zugleich das Unendlichviele und Mannigfaltige ist, die die hervorbringende Kraft aller dieser doppelseitigen Wirklichkeit ist und doch nur durch eine freie grundlose Tat der denkenden und praktischen Autonomie ergriffen werden kann. In diesem Zusammenklang ist die geheimnisvolle Pforte geöffnet, nach welcher alle Religionsphilosophie mit heißem Eifer sucht oder die sie mit ebenso heißem Eifer schließt, die Pforte der Einwirkungen des Göttlichen auf den menschlichen Geist, vermöge deren die religiöse Wahrheit göttliches Geschenk und menschliche Hervorbringung zugleich ist. Erst so sind die subliminalen und transmarginalen Vorgänge aufgehellt oder vielmehr — da die Verweisung auf das hier besonders großartig und greifbar hervortretende Grundgeheimnis der

Wirklichkeit keine Aufhellung ist — in ihrem wirklichen Sinne angedeutet. Unter den deutschen Religionsphilosophen der Gegenwart sind es besonders Eucken und seine Schule, die diesem Gedanken nachgehen und die Substantialität der die Allgemeingültigkeit und Tatsächlichkeit in sich zur Lebenseinheit verbindenden Vernunft in das Zentrum stellen. Sie nennen das die „noologische Methode", welche die bloß psychologische und bloß erkenntnistheoretische Methode überbieten und ersetzen soll. Allein da sie sich doch zugleich verbieten, den Prozeß des Hervorgehens der Wirklichkeit aus dieser Substanz zu beschreiben und es bei ihrer Anerkennung der Irrationalität der Freiheit auch in der Tat nicht können, so vermag ich darin eine neue Methode nicht zu erblicken, sondern nur eine energische Betonung des Problems, das sich in der Zusammenfassung psychologischer und erkenntnistheoretischer Untersuchungen überhaupt und bei der Religionsphilosophie insbesondere ergibt. Was bei Eucken darüber hinausgeht, scheint mir auch bei ihm nicht klarer und überzeugender zu sein als bei anderen. Aber soweit er diesen Punkt betont und die Ergreifung der Substantialität der Vernunft im individuellen religiösen Erlebnis behauptet, scheint er mir richtige Gedanken weiter zu entwickeln, die aus der Kantischen Synthese des Empirisch-Psychologischen mit dem Rational-Erkenntnistheoretischen sich ergeben, und die derart von der Erkenntnistheorie genau so als geltende Wahrheit erwiesen werden, wie sie von der Psychologie eines James als tatsächliche Vorstellungen erwiesen werden. Es kommt nur darauf an, dies wildwachsende und vom Irrtum immer wieder verführte psychologische Datum aus seinem rationalen Kern stets wieder zu reinerem Zusammenklang des Rationalen und Empirischen zu regenerieren.

Fassen wir alles das zusammen, so ergibt sich eine Fülle von Zugeständnissen des erkenntnistheoretischen formalen Rationalismus an die Irrationalität der psychologischen Tatsächlichkeiten und eine mehrfache Durchbrechung des noch allzu strengen Kantischen Rationalismus. Andrerseits aber ist doch auch die rein psychologische Untersuchung genötigt, von der unbegrenzten Fülle und der absoluten Irrationalität des Mannigfaltigen, des Durcheinanders von Schein und Wahrheit, auf ein rationales Kriterium zurückzugehen, das nur in dem rationalen Apriori der Vernunft und in der organischen Stellung dieses Apriori in der Bewußtseinsökonomie überhaupt gefunden werden kann. Von diesem Rationalismus aus allein läßt sich die Wahrheitsgeltung der Religion begründen, und von hier aus allein lassen sich die Hervorbringungen des wildwachsenden psychischen Lebens kritisch regulieren. Die Religion wird in ihrer konkreten Lebendigkeit aufgefaßt und nicht verstümmelt; sie wird aber auch aus dem Wirrwarr ihrer Verworrenheiten, Verschmelzungen, Einseitigkeiten, Engen, Wucherungen und Verkehrungen immer wieder auf ihren Grundgehalt und auf ihre organischen Beziehungen zur Gesamtheit des Vernunftlebens, der geistigen, sittlichen und künstlerischen Leistungen, hingewiesen. Das ist alles, was die Wissenschaft für sie leisten kann, aber diese Leistung ist doch auch groß und unentbehrlich genug, um die Arbeit einer solchen Wissenschaft zu rechtfertigen.

Ob es noch andere Wege gibt, sich dem Objekt der Religion, Gott, zu nahen, und ob es mit diesen andersartigen Erkenntnissen gelingen mag, die Erkenntnis der Religion zu stützen und zu befestigen, ist eine Frage für sich, die nicht in den Umkreis dieser Untersuchung fällt. Denn gibt es sie, so zeigen sie jedenfalls etwas anderes als die Gottheit, die im religiösen Erlebnis nahe ist. Es handelt sich hier nur um die Frage, wieweit in dem religiösen, subjektiven Zustand selbst Wahrheitserkenntnis enthalten ist. Dazu bedurfte es der psychologischen Anschauung von der wirklichen Beschaffenheit der religiösen Zuständlichkeiten und der erkenntnistheoretischen Einsicht in den geltenden, Wahrheit bewirkenden, Gehalt dieser

Zuständlichkeiten. Auf die Zusammenfassung von beiden kommt es von Hause aus und im allgemeinen für das Problem an, und in der Zusammenfassung von beiden, in der Vereinigung des Bewußtseins um eine notwendige Idee mit der Verlebendigung dieser Idee in bestimmten, sie erregenden Erlebnissen und Vorstellungen, liegt der eigentliche Kern und Höhepunkt des Problems. Denn in dieser Zusammenfassung entsteht das Grundphänomen der Religion, die Empfindung der Gegenwart des Göttlichen in konkreten endlichen Ereignissen und Wirklichkeiten. Keine Theorie kann dies Höchste und Letzte mehr erklären. Sie kann nur zeigen, daß in diesem Punkte die beiden Hauptbetrachtungsweisen, die psychologische und erkenntnistheoretische, zusammentreffen, und daß ihre gegenseitige Durchdringung die religiöse Gegenwartsempfindung sowohl vor der Verflüchtigung in bloße abstrakte Gedanken als vor der Auflösung in allerhand Zufälligkeiten und Menschlichkeiten bewahrt. Die lebendige Produktion des inneren Lebens ist entscheidend, aber wir sind nicht ihrem zufälligen Flusse und seinen Unklarheiten ausgeliefert, sondern wir können aus ihm immer zum Zentrum und zur geordneten Verknüpfung der ganzen Vernunft mit diesem Zentrum streben. An diesem Ideal messen wir die verschiedenen Hervorbringungen des religiösen Lebens der Menschheit, und in der Kraft dieses Ideals arbeiten wir an der Fortgestaltung unseres gegenwärtigen religiösen Lebens. Woher aber dasjenige kommt, das uns in der Einheit der notwendigen Idee eines Göttlichen und einer tatsächlichen Wirkung und ·Offenbarung entgegentritt, das vermögen wir nicht zu sagen. Dieses Etwas selbst, sein Kommen und Gehen, sein Dasein oder Nicht-Dasein, das bleibt im letzten Grunde das Geheimnis der Religion. Aber wo es ist, da ist es nicht da wie ein totes Ding, sondern da ergreift es die Freiheit und verlangt von ihr die Gestaltung des wirren Lebens aus der Einheit seiner Idee und die immer neue Durchdenkung und Klärung seines eigenen Wesens.

Nur, wenn so beides, der Empirismus und der Rationalismus, die Psychologie und die Erkenntnistheorie, zu seinem Rechte kommt, ist die Religionswissenschaft eine Wissenschaft von der Religion, nicht eine Ersetzung der Religion durch Wissenschaft und nicht eine Wissenschaft gegen die Religion, auch nicht bloße Beschreibung der Religion ohne Wissenschaft. Das Wichtige an einer solchen wissenschaftlichen Behandlung der Religion ist, daß sie der Religion ihre Frische und Lebendigkeit, ihre Mystik und Irrationalität läßt, vermöge deren sie allein ist, was sie ist, daß sie aber doch eine Kritik und Regulierung, Selbstvertiefung und Fortentwicklung des religiösen Lebens gewährt, vermöge deren es mehr ist und werden kann, als was es in seiner trüben Massenerscheinung jedesmal tatsächlich zu sein scheint. Die Religionswissenschaft läßt die Religion als Religion bestehen und reguliert sie nur aus ihrem eigenen Apriori heraus, das in den großen geschichtlichen Offenbarungszentren jedesmal mit tieferer Klarheit und mit der Aufforderung zu engerer Verknüpfung der Gesamtvernunft im religiösen Zentrum hervortritt; die unvermeidliche Einseitigkeit der in ihnen sich herausdifferenzierenden religiösen Idee führt den gläubigen Anhang zu um so tieferer Hineinarbeitung der Idee in das Ganze des Lebens. Es bleibt zu Recht bestehen der grundlegende Glaube aller Religion, Offenbarung und Erleuchtung durch die Gegenwart des göttlichen Lebens in der Seele zu sein und aus verborgenen Gründen des unbewußten Lebens hervorzuwachsen, wo es zusammenhängt mit der Weltvernunft, und aus denen heraus die Gottheit sich im aktuellen religiösen Vorgang offenbart. Sie bleibt auch unter den Händen der Wissenschaft das, was sie in natürlicher Gesundheit überall war und was sie nach Zeiten der Entbehrung und Selbstentfremdung wieder zu werden überall bestrebt ist, lebendiger Verkehr mit der lebendigen Gottheit. Nur dreierlei wird durch die Wissenschaft aus der gewöhnlichen Religionsanschauung beseitigt: erstlich die Meinung, daß diese Erleuchtung eine einfache, die Gottheit abbildende Wirkung des Göttlichen auf die Seele sei, während sie in Wahrheit ein komplexes Ineinander von Menschlichem und Göttlichem ist; zweitens die Meinung, daß die Wahrheit der einen Religion die der andern ausschließen müsse, während es in Wahrheit sich nur um stärkere oder schwächere, engere oder umfassendere, persönlichere oder unpersönlichere Erschließung des Göttlichen handelt; und drittens die Neigung der religiösen Mystik zum Beharren bei sich selbst und zum Genuß der eigenen Seelentiefen, während der Religion doch ebenso wie aller anderen Vernunftbetätigung die Aufgabe gestellt ist, den Zusammenhang mit der Gesamtbetätigung der Vernunft zu suchen.

So läßt die Religionswissenschaft die Religion in ihrer Eigenart bestehen, aber sie gibt ihr kritische Grundsätze des Selbstverständnisses, der Vergleichung verschiedener Religionsbildungen, der Selbstreinigung und der Fortentwicklung. Denn alle göttliche Wirkung, die wir in ihr glauben mögen, ist nie zum Selbstgenuß da, sondern immer die Stellung einer Aufgabe, die in der Unterwerfung des bloß Tatsächlichen durch das Allgemeingültige und Notwendige besteht, und die daher auch in der Religion vom bloß Tatsächlich-Psychologischen immer auf die Arbeit an der Gestaltung dieses Tatsächlichen zum Ausdruck des Notwendigen hingewiesen wird.

Welche Wirkung eine solche wissenschaftliche Betrachtung der Religion auf die verschiedenen positiven geschichtlichen Religionen haben müsse, das zu untersuchen liegt außerhalb der bisherigen Erörterungen und ist eine Aufgabe für sich. Jedenfalls dürfen sie nicht an einer rationalen Metaphysik gemessen und korrigiert werden, sondern sie müssen ihr eigenes Leben aus sich selbst heraus fortbilden und müssen dabei so weit gehen, als es die in ihren Grundgedanken enthaltenen religiösen Kräfte erlauben. Kommen sie an eine Grenze, wo ihnen bei solcher Selbstberichtigung ihre ganze bisherige Form zerbricht, so mögen sie nach einer anderen Religion ausschauen,

in deren geschichtlicher Gestaltung eine tiefere und fortschritts-
fähigere Kraft des religiösen Lebens enthalten ist, und können
sie eine solche nicht finden, so mögen sie neuer Erschließungen
des religiösen Lebens warten und bis dahin mit dem Besten
leben, was ihnen die bisherige Geschichte gebracht hat. Glauben
wir aber an einen im Prinzip endgültig erreichten Höhepunkt,
dann mögen wir uns den Glauben daran aus dem vergleichen-
den Blick über die Religionsgeschichte befestigen und vor
allem handeln aus der Kraft dieses Glaubens, um uns an der
stärkenden und reinigenden Wirkung dieses Glaubens auf das
Leben, an der von ihm ausgehenden Vertiefung und Klärung
der Gesamtvernunft, zunehmend von seinem Recht zu über-
zeugen.